ヤバいほどおもしろ楽しい台湾見聞録

渡邉哲也

WatabnabeTetsuya

JN257887

ようこそ台湾へ

本書を推薦いたします

沖縄の先島諸島とほぼ同じ北緯線上に浮かぶ、九州よりやや小さな島国。それが「麗しの島」と呼ばれるにふさわしい自然美に恵まれた台湾です。

中央山脈には3000m以上の高山が62もあり、各地に存在する温泉が旅の疲れを癒してくれます。また、中華5000年の歴史と文化を伝える世界屈指の故宮博物院をはじめ、日本では見られない寺院や廟の数々。

それだけではありません。日本の皆さんを虜にする美味しい食べ物、女性に人気のエステやマッサージ。セールスポイントは数えきれません。なんといっても一番は、治安の良さと人情味でしょう。

一度行ったらまた行きたくなる。リピータの多いことがそれを物語っています。

台湾旅行は病み付きになりますから、どうぞ覚悟の上おいで下さい。心から歓迎いたします。

台湾観光協会東京事務所
江明清　所長

本書に登場する台湾の主な観光スポット

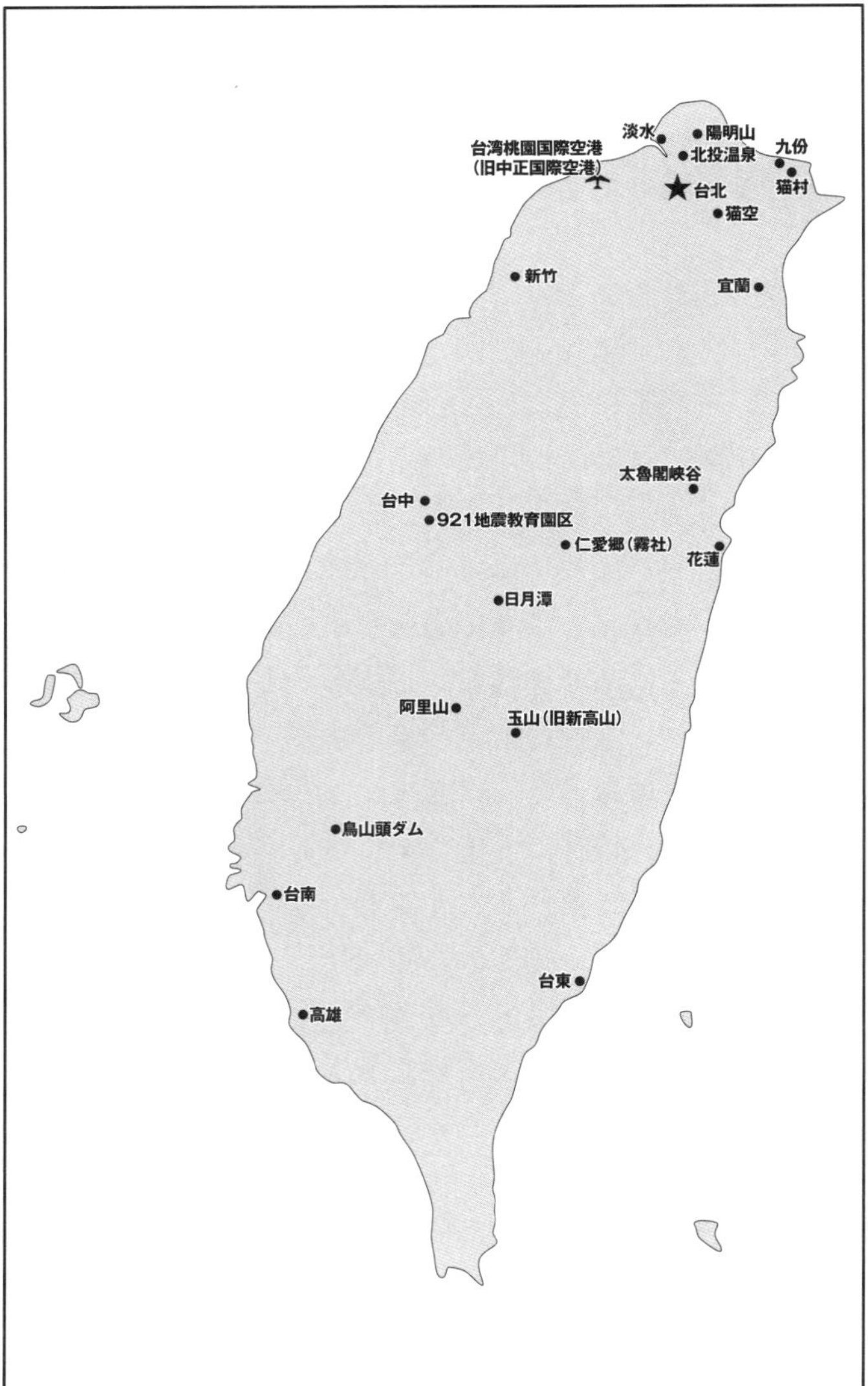

本書に登場する台北の主な観光スポット

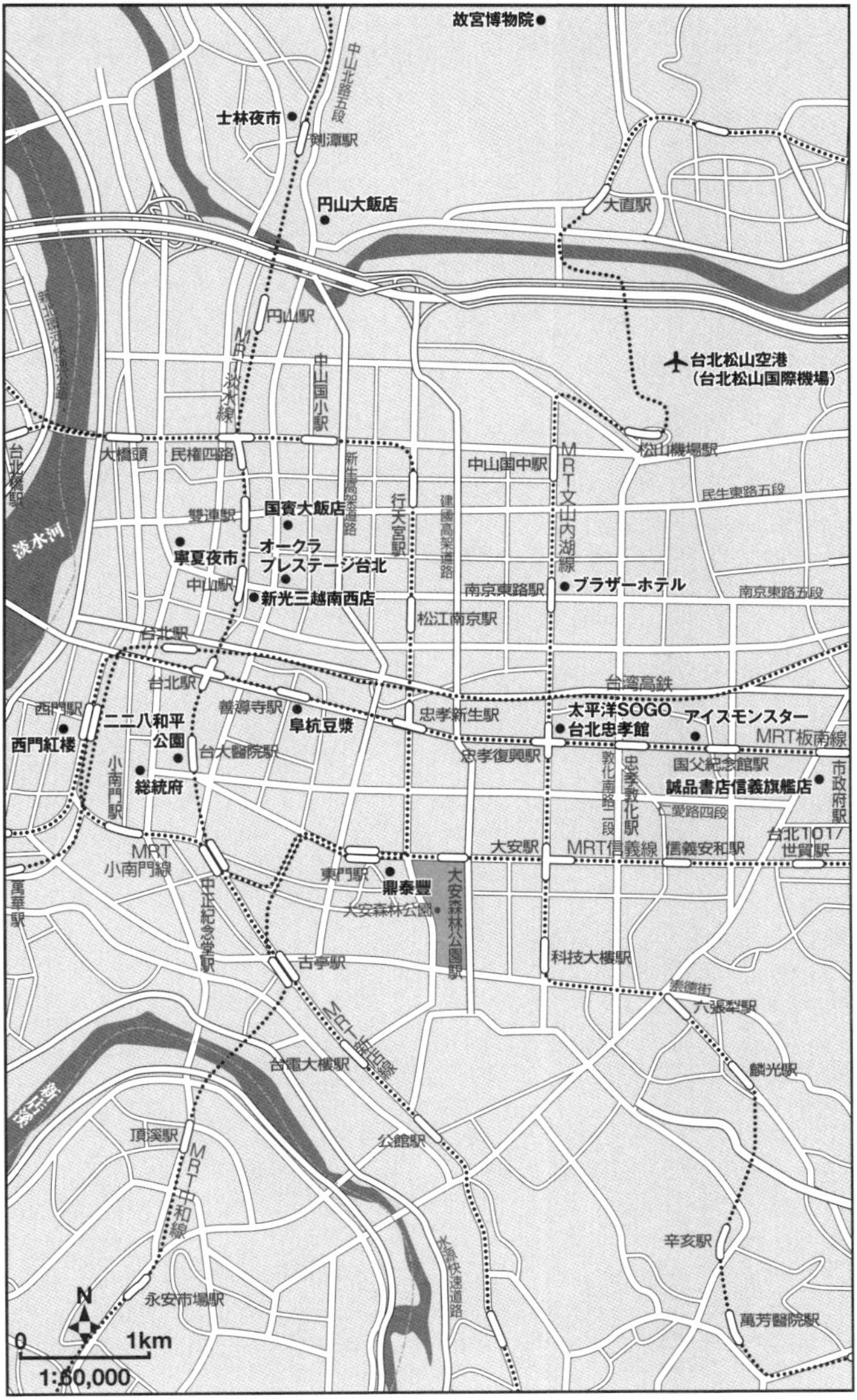

はじめに

台湾はどんな国か？

近くて遠い国、遠くて近い国、台湾。台湾は、かつて日本であったという歴史的事実があります。日本の敗戦とさまざまな歴史の変遷のなかで、日本ではなくなり、中華民国という国となりました。日本にとって中国とは台湾でした。しかし、1972年の日中国交正常化の裏側で、日本は中華民国との断交を行い、中華民国＝台湾は日本にとって国交のない一地域という位置づけになってしまっています。

台湾は書籍やテレビでよく紹介されていますが、一体、台湾をどのように位置付けたらいいのでしょうか。国なのか地域なのか、それとも中国の一部なのか――これにはさまざまな捉え方があり、それすらも悲しい歴史の変遷のなかで変化してきました。つまり、台湾の本当の姿を知る日本人はあまりいないのではないかと思います。

台湾の人たちの多くは非常に親日的で、日本に対して一種の敬意を払ってくれている大切な国の一つです。そして、いまの台湾にも、日本が統治していた時代のさまざまなスピリッツが随所に残っていて、その時代につくられた国の設計図が現在の台湾の基礎を支えています。

いま、日本政府は〝価値観外交〟という名の下に日本の価値観、インフラ、システムを世界に輸出しようとしていますが、そのモデルケースともなるのが台湾という国であると考えていいでしょう。

にぎやかな台湾の夜市の様子。繁体字（漢字）を見れば大まかな意味は推測可能だ。

一度でも台湾を訪れてみると分かりますが、漢字文化圏の国であり、日本の旧字体に近い繁体《はんたい》字を使用しているので発音はできなくても言葉の意味がほぼ理解できます。文章によるコミュニケーションならば容易にできるのです。

漢字は英語やハングルなどの表音文字（音を表すだけの文字）ではなく、表意文字（意味を表す文字）であり、字そのものに意味があるため、字を見るだけである程度意味を想像できます。少なくなりつつありますが、日本統治下に日本の教育を受けたことがある高齢者は、かなりの人が日本語を話すことが可能です。そして、若者たちのなかにも日本のファンが存在し、日本語の読み書きができる人も多数います。

そのため、日本人が台湾を旅行しても困ることが少なく、身近な外国として楽しい経験ができると思います。治安も安定しており、海外旅行初心者にも安心な国であり、上級者にとってもくつろぎを求める地として最適だと思われます。台湾のホスピタリティは他に類を見ないものがあります。

羽田からわずか3時間の国

日本人にとって、とても訪れやすい外国、もっとも近くて行きやすい外国が台湾です。東京から飛行機でわずか3時間ほど。最近はさらに便利になって、羽田空港から台北の市内中心部に近い松山空港着の直行便ができました。台湾の松山空港は非常に便利な場所にあって、市内中央部からタクシーで15分程度のところにあります。日本で言うと福岡空港をイメージするといいでしょう。

ですから本当に気軽に、ほとんど国内旅行をするのと同じような感覚で台湾を楽しむことができます。週末の小旅行で、国内と同様に行くことができます。女性誌では「週末台湾」の特集が組まれているほどです。オープンスカイ協定で日本の地方空港からの直行便（チャーター便）も増えています。

空港名にある「松山」と聞いてピンと来た方もいるかもしれませんが、この地名は日本人が付けた名前です。ひと昔前、ここは特攻隊の出撃基地でした。もともと軍用空港で日台断交の時期には閉鎖されていましたが、後に国内線専用空港として使用されるようになったのです。

高速鉄道が開通すると、台湾は小さな島ですから飛行機を利用する国内線は利用度が低くなり、松山空港は国際線として利用されることになりました。台北には国際空港である桃園空港と松山空港がありますが、松山空港はより便利な空港で、現在アジア路線は松山空港から飛んでいます。

ちなみに、一つ気をつけなくてはいけないのは、松山空港での撮影は基本的に禁じられているということ。松山空港はもともと軍用空港なので、中国や一部の軍事的な空港のように、無断で撮影したからといってフィルムを没収されることはありませんが、基本的には撮影禁止です。

台湾の義援金に感謝する若者たちの遠泳

東日本大震災と同年の夏、日本ではあまり報じられませんでしたが、日本と台湾を横断する遠泳が行われました。

東日本大震災後、約２００億円の義援金を送って支援してくれた台湾の人々への感謝を日本から泳いで伝えようと、被災地出身の青年６人が日本最西端の沖縄県・与那国島から台湾東北部の宜蘭《ぎらん》に向かって出発したのです。

６人とも水泳選手で、彼らが使っていたバトンのなかには被災地である岩手、宮城、福島の東北３県の知事からの感謝のメッセージが入れられていました。リレー形式で昼夜通して30分ずつ交代しながら日台間の約１２０㎞を泳ぎ切りました。到着時には台湾側から約１７０人もの人が海に入り、はるばる日本から泳いできた青年たちを迎え、台湾宜蘭県庁による歓迎式が催されたそうです。

実は、日本の与那国島の端から台湾の南端までは１００㎞ちょっとの距離です。東京駅～熱海駅を少し上回るぐらいです。日本と台湾はそれほど近いのです。

本書に登場する人物は、このようにすべて歴史の一コマとして活躍した人物であり、また、いま台湾と日本との間で生き生きと動いている人たちです。彼らとともに台湾の良いところ、台湾が現在抱える問題、また過去に起きた出来事から未来への展望を含めて、この1冊で台湾の魅力を余すことなくお伝えしていきます。

もちろん、見所、観光スポットも存分に紹介しますので、台湾旅行にとても役立つガイドブックとしても使えること、間違いなしです。

それでは、これから知っているようで知らない台湾の姿を見に、いざ出かけましょう。

2014年12月

渡邉哲也

はじめに

第１章　日本人ならここに行くべき

第2章　台湾とはどういう国なのか　～現代台湾論～

安西直紀 vs. 渡邊哲也対談

第3章　台湾の最先端情報を行く　～ショッピング、流行、食べ物～

哈日杏子 vs. 渡邊哲也対談

第4章　日本にとって台湾はどれほど重要か　～政経の関わり～

第1章

日本人ならここに行くべき

ぜひ行っておきたい北投温泉――渡邉哲也

もし1日程度の旅程で台湾に行くのであれば、総統府を中心とした市内中央部を歩いて回るといいでしょう。

総統府のなかは見学もできます。総統府の後ろには副総統の元庁舎があり、そこも公開されていて台湾の歴史も学ぶことができます。総統が次の総統に判子を渡すという大陸的な戴冠式がありますが、その印綬の経験ができる場で写真撮影ができます。

台北中央部を散策した後は、若者の町西門《シーメン》に行きましょう。それとともに、絶対に行っておきたいのは北投《ベイトウ》温泉です。温泉好きな人にはたまらない町です。台北市中心部からMRT（地下鉄）淡水線に乗ってまず北投駅に向かいます。最寄り駅の新北投駅へはここで一度乗り換えます。市内中央区からは日本円で百数十円。タクシーを利用しても2000円ぐらいです。新北投駅のホームには可愛いオブジェが飾られ、記念撮影のスポットになっています。

北投の温泉は日本統治下時代、日本の役人たちの保養地でした。北投で一番古い温泉は天狗庵というものでしたが、いまその天狗庵の跡地が能登の老舗旅館「加賀屋」の台北フランチャイズ店になっています。なぜ能登の加賀屋が台北に出店しているのかというと、石川県の人たちと台湾が30年以上にわたり交流を続けてきたことが、その理由として挙げられるかもしれません。台湾の石川県人会は、現地で非常に強い影響力をもっています。

台湾の教科書にも必ず出てくるダム――日本人が言う八田《はった》ダム、現地の人が言うところの烏山頭《うさんとう》ダムがあります。そのダムをつくった八田與一《はったよいち》さんは石川県人でした。

台湾政治の中枢である総統府。日本統治時代の1919年、台湾総督府庁として建造された。2014年5月から、1月1日など特定の開放日を除いて、3日前までに予約した人のみが平日の9:00～12:00に建物内を見学できるというルールに変更された。詳細はホームページ（http://english.president.gov.tw/）で要確認。【所】台北市重慶南路1段122号[交]MRT台大醫院駅から徒歩5分

八田與一のダムから恩恵を受けた台湾南部の農民たちが、戦後もずっと毎年、八田與一の慰霊式典を続けてきており、30数年前からは八田與一の親族と石川県の人たちがその式典に参加してきました。その石川県人会が70数年にわたって毎年、八田與一の慰霊式典を催しながら、台湾にかなり深い人脈をつなぎ続けてきました。その関係でランディスという台湾のホテルグループが北投に日本式の温泉をつくることになりました。

２００３年頃に台湾の日勝生活科技という会社が、天狗庵の跡地にホテルを建設するという話がもち上がりました。そこへ、日勝生活科技会社に

日本の温泉旅館を誘致してはどうかという提案をしたのが八田與一の顕彰活動を行っていた、石川県出身の日本人でした。

それは、日本の工作機械メーカー、スポーツクラブ運営会社の台湾特派員、駐在員だった徳光さんという人です。彼は台湾が大好きになって、日台の民間交流活動をライフワークとしたいと、そのまま居残ってしまいました。その徳光さんが中心になって、日本の加賀屋にぜひ来てほしいと熱望し、天狗庵の跡地に加賀屋が運営フランチャイズとして進出するに至りました。

台湾最大の温泉郷である北投温泉。「おもてなし」で有名な金沢の旅館「加賀屋」と台湾企業が合弁して創業した「日勝生 加賀屋」をはじめとするホテル群や、「北投温泉親水公園」「龍乃湯」といった日帰り温泉施設が並ぶ一大温泉リゾートとしてにぎわっている。アクセスは台北駅からMRTで新北投駅まで約40分で35元。

現地のツアー会社のホームページでは、加賀屋の日帰り入浴セットを3000円前後の料金で案内しています。それ以外にも「龍乃湯」などいくつかの日本式温泉があります。

日本式の温泉のことを台湾では「日式温泉」と言い、日本人の好みに合う、きれいな温泉施設となっています。それ以外にもいわゆる公衆浴場があり、だいたい30～90元ぐらいで入浴できますし、水着で入浴する非常に安い露天風呂もあります。

北投に行くのであれば、日帰りでどこでもいいから入浴することをお勧めします。北投の北に血沸谷、地熱谷という泉源があって湖になっており、湖から湧き出たお湯は川になって新北投の街の中を流れ抜けています。その途中で足湯ができるポイントも何カ所かあり、その温度は40数度とちょうど心地良い加減。ただし、夏は暑いので、温泉がある分よけいに蒸すのが難点です。

北投には北投温泉博物館（入場無料、月曜日・祝日休館）があり、そこに日本統治下時代のさまざまな歴史や物語が展示されています。それを見るだけでも楽しめます。

また、ホテルもたくさんあり、「熱海」「京都」といったように、ホテル名に日本の地名が付いていて、まるで30年以上前の昭和の日本の温泉街を見ているようなノスタルジックな気分に浸ることができます。

さらに、北投からちょっと足を延ばす余裕があるのであれば、「淡水《タンシュエ》」を訪れてみましょう。淡水もノスタルジックな街で、川のほとりにあるさまざまな建物がレトロな雰囲気を漂わせて

さまざまな資料があるのみならず、入浴も可能な北投温泉博物館。もともとは1913年に建造された共同浴場だ。【所】台北市北山路2号【交】MRT新北投駅から徒歩10分【営】9:00～17:00【料】無料【休】月、祝

いにしえの台湾の街並みがそのまま保存されている九份。石段の道にレトロモダンな茶芸館やカフェが並ぶ、台湾屈指の観光スポットとして人気を集めている。幻想的な夜の提灯の明かりも特徴的。アクセスは高速バス（金瓜石行き）なら台北から直通で約1時間。料金は115元。電車の場合、台北から瑞芳まで向かい（40～60分）、そこからバスで旧道バス停まで20分ほど。料金は電車の場合、特急が76元で普通列車が49元。バスは15元。

います。

同じようにレトロな街並みを楽しめるのが台湾北部の新北市瑞芳区にある山間の街・九份《きゅうふん》です。九份は日本統治下時代に金鉱山として栄華を極めましたが、その後、金と石炭の生産量が減り続け、1971年に閉山して衰退していきます。

再びスポットライトを浴びたのは1989年です。侯孝賢《ホウシャオシェン》監督の映画「非情城市」の舞台となったことで観光地として注目されることになりました。さらに日本では宮崎駿監督が「千と千尋の神隠し」の着想を得た場所だという噂が広まって人気が高まり、レトロな街並みにマッチした茶芸館やカフェが軒を連ねていくようになったのです。いまや日本人の観光客が必ず訪れるといっても過言ではない大人気の定番観光地となりました。とくに夜景が美しく、地元の若者にとってはデートスポットになっています。

九份へ行くには台北駅から台湾鉄道に乗って「瑞芳《ずいほう》」駅で下車。そこからバスやタクシーに乗って行く方法と、MRT「忠孝復興」駅のバス停から直通バスに乗る方法があります。台北から「瑞芳」までは1時間弱、バスだと20分ぐらいで到着します。

ガイドブックには載っていない台湾の旨いもの

台湾には「おでん」もあります。ただし日本のおでんと違って非常に辛く、スターアニス（八角）の匂いがプーンとして、その出汁《だし》に乾麺や卵麺を入れて食べたりします。

一方、気をつけたいのがお茶です。台湾では緑茶にもガムシロップを入れてシェイクし、さらにフルーツを入れたりします。基本的に全部甘いので、お茶やコーヒーを買うときは無糖と書いてあるのを選ぶか、「ノーシュガー」と指定して買わないといけません。

私はどうしても好きになれませんが、臭い豆腐の「臭豆腐」が屋台でよく売られています。台湾は屋台文化なので夜だけ開くお店が結構あって、臭豆腐を食べさせる店がまだ開いていない時点では店内に匂いがこもっているだけですが、オープンと同時にその2、3軒先まで

台湾を代表するB級グルメの臭豆腐。独特の匂いで好き嫌いが分かれるが、店によって匂いの強さやたれの味などが異なるので、食べ比べてみるのもいい。値段は1皿50元くらいから。

台湾の果物屋台の様子。値段交渉には要注意。

匂いが届くほど強烈です。臭豆腐が入った臭臭鍋という激辛鍋があり、鍋に臭豆腐を入れるとものすごい匂いがします。3人のお母さんという意味がある「三媽臭臭鍋」が有名です。

台湾の食環境は日本の衛生基準には及ばないかもしれませんが、基本的に食品や屋台は、日本の屋台と同じように許認可制で、行政がすべて管理しています。屋台には鑑札が付いていて基本的に衛生管理されており、加熱されていればまず問題ないでしょう。

ただし、果物の量り売りをそこら中でやっていますが、ぼったくりが多いので注意が必要です。インターネットで調べると、ぼったくり屋台が問題になっています。果物屋台はグラム量り売りで適正な値段がわからず、通常価格より高値で買わされることが多いようです。基本的にグラム売りは高いので、おいしい果物を安く食べたければ「超市」で買うことです。

超市はスーパーマーケットのことで、スーパーの果物売り場で買えば、値段は屋台の半分以下でおいしい果物が食べられます。

また、気軽に食べたいのならコンビニでカットフルーツを買うのがお勧めです。コンビニで売っている現地名産のパパイヤやマンゴー、スターフルーツなどが入ったフルーツの盛り合わせなら70元ぐらいで手に入ります。こちらはきちんと衛生管理されていますから、そのまま食べても問題ありません。

台湾の楽しみのひとつに朝ご飯があります。台湾料理は八角の匂いが強いものや多少脂っこくて味の濃いものが多く、どうしても胃がもたれることがあります。そのようなときにお勧めしたい朝ご飯が豆漿《トウジャン》という豆乳スープです。甘い味のものが多いのですが、鹹豆漿《シエントウジャン》という塩味スープもあり、そちらのほうがお勧めです。少し酸味が利いていて、スープのなかに油条《ユーティオ》という揚げパンが入っています。とてもさっぱりしていて日本人の口にピッタリ合うでしょう。とりわけ二日酔いの翌日には最高です。値段は30元ぐらいです。そこら中に鹹豆漿を出す店がありますから、

台湾人の朝食になくてはならない鹹豆漿。とりわけ華山市場2Fにある阜杭豆漿の鹹豆漿（25元）は地元民、旅行者問わず大人気ある。【所】台北市忠孝東路1段108号2F-28【交】MRT善導寺駅から徒歩１分【営】5:30 ～ 12:30【休】第2・第4月

どの店に入っても安心して食べられます。

なかでも有名なのは、善導寺《ぜんどうじ》という駅にある「阜杭豆漿《フーハントウジャン》」。観光客に大評判の朝ご飯がおいしい店です。MRT板南線「善導寺」駅5番出口すぐ脇のビルの2階にあり、その1階は「華山市場」になっています。この市場には小さな店が軒を連ねており、野菜や肉の他に一般客向けの小売り店舗が集まっていますので買い物も楽しめます。

日本人がイメージする台湾の名物料理と言えば小籠包ですが、実は現地では小籠包はそれほど食べられていません。「鼎泰豐《ディンタイフォン》」は、日本にも支店がある小籠包の有名店ですが、お客はほとんどが外国人で、現地の人はどちらかというと町中で売っている、ひき肉入りの少し胡椒がきいた肉まん「胡椒餅」を食べるのが定番です。

胡椒餅は中国福州の「葱肉餅」がルーツと言われています。福州からの移民が台湾に持ち込み、その後、台湾人の好みに合わせて胡椒を増やしたり、皮がもっとパリパリになるようなアレンジを加えたりして現在の胡椒餅へと進化しました。この他にも、肉まんの半分サイズぐらいのなかに高菜が入ったお焼きのような饅頭を好んで食べるようです。

また、台湾の卵焼きは、ハム入り、チーズ入りなどがあり、その場で焼いてくれるのでさまざまな味を楽しむことができます。

飲茶を楽しみたいときは、中山にある「吉星港式飲茶」と「ブラザーホテル」の飲茶がお勧めです。プラザーホテルの飲茶は、いわゆる香港式飲茶で、ワゴンで料理を運んできて食べたいものを取るスタイルです。

もちろん、こうした有名店に行くのもいいのですが、やはり地元の人に人気の店に行けば、いっそう旅情が味わえて、しかもリーズナブルでおいしい料理が食べられます。中山あたりは日本語が通じる店が多数あるので、観光ガイドなどを見て行くのもいいでしょう。また、観光ガイドに載っていない店に入ったとしても、よほどのことがないかぎり危険な思いをすることはないはずです。

ガイドブックを読んでも分からないという場合は、泊まっているホテルで「地元のおいしいものが食べたいので、人気の店を教えて」と聞くことです。明確に意思を伝えれば、たいがい親切に教えてくれます。

台湾では外国人向けに国内ツアーを行っていて、日本からも予約することができます。台湾に慣れていない人であれば、インターネットで台湾国内ツアーを検索し、日本語ガイドがいるバスツアーで回れるところを探すのも一つの方法です。

九份などはバス・電車などの公共交通機関を利用して行くこともできなくはありませんが、交通の便が悪いのでバスツアーを利用したほうが台湾旅行に慣れていない人には楽かもしれません。日本の「はとバス」のように３０００～４０００円で台湾国内を回れるバスツア

これだけは気をつけたいマナーとタブー①

気候は温暖で人は大らか。そんな台湾に行くと、何だかこっちの気持ちも緩くなってしまいます。でもちゃんとあるんです、守らなくてはいけないマナーと、やってはいけないタブーが。そこで気をつけるべきポイントをまとめてみました。

1　この日本語には要注意！

かつての名残で、いまでも日本語を理解する人が多いのが台湾の特徴。親日という国民性もあり、ついつい日本にいるときと同じように話してしまいがちですが、やはり禁句は存在します。特に注意したいのが「土人」と「バカ」。どちらも戦前に台湾人を侮蔑する際に使われた言葉です。「バカヤロー」や「バカバカしい」なども誤解を招きかねないので要注意。

2　裸は禁物

台湾といったら温泉という人も多いと思いますが、気をつけなければいけないのが裸は厳禁ということ。基本的に台湾で温泉に入るときには水着を着用しなければいけません。裸がＯＫのホテルもありますが、まずは入る前に必ず確認するようにしましょう。

ーが多数あり、通訳・ガイドがつくこともありますから、台湾が初めての日本人はこうしたツアーを選択するのが一番いいのではないでしょうか。

故宮博物院は一見の価値あり——安西直紀

台湾観光ではずせない故宮博物院。約68万点に上る中国歴代皇帝のコレクションが収蔵されている。【所】台北市至善路２段221号【交】MRT士林駅からバスまたはタクシー。台北市内からはタクシーで約30分、およそ250元【営】8:30～18:30（金土は～21:00）【料】250元【休】無休

世界の５大博物館は、大英博物館・ルーブル美術館・メトロポリタン美術館・エルミタージュ美術館、そしてこの国立故宮博物院と言われています。国民党が中国本土を追われる際、もともと北京の紫禁城にあった主な収蔵品を台湾に運び出しました。ですから、中国封建時代の歴代皇帝が所有し愛した宝物の多くは台北に移ってしまい、ここでしか見られないものは少なくありません。

収蔵品では大英博物館とルーブル美術館が圧倒的ですが、台北の故宮博物院もそれに匹敵するほどの素晴らしさがあります。世界のなかでも三本の指に入るほど非常に多く収蔵された陶磁器、絵画、書をはじめとした工芸品は、見る

故宮博物院4Fにある茶芸館、三希堂。開放的なつくりで雄大な景色を楽しむこともできる。【所】故宮博物院と同じ【営】9:00 ～ 18:30（金土は～ 21:00）【料】120元～

ものを感動させてくれます。中華文化の粋が集められた実に見ごたえのある博物館です。

故宮博物院を訪れたとき、一緒にお勧めしたいのが、最上階にある「三希堂」というおしゃれなレストランです。非常に展望が良くて、おいしい飲茶セットの軽食が食べられます。上品な飲茶で、数十種類のおいしいお茶が飲めます。台北にしては値段が張るほうですが、私たち外国人が旅行で訪れ貴重なひとときを過ごすには、それほど高くはないでしょう。

ただし、そのレストランは場所がとても分かりにくいので注意が必要です。故宮博物院のなかにはいくつかのエレベーターがありますが、どこからでも行けるのではなく、一番奥のエレベーターでしか上がることができません。階段でも上がれませんから、上の階にレストランがあることを知らない人のほうが多いようです。

故宮博物院を真剣に見て回ると最低3日はかかると言われています。故宮博物院の特別展は定期的に催されていますが、その際、日本の博物館では絶対に目にすることができないものがたくさん展示されます。２０１１年から２０１２年にかけて開かれた特別展示では、中華民国と他の国々とで締結したすべての条約の原本を公開していました。いわゆる外交文書ですが、それぞれの国の実印が押された契約書などは通常見る機会がありませんから、実に興味をそそられます。

このように故宮博物院には、日本はおろか世界でも、ここ以外では絶対に見られない貴重な品々が数多く展示されていますから、一見の価値は絶対にありだと思います。

台湾鉄道の旅を満喫する

時間に余裕があれば、台湾鉄道や台湾高速鉄道に乗って、鉄道の旅を楽しみましょう。

台湾高速鉄道の車体は日本の新幹線N700系とほぼ同じ日本製の車体を使っていますが、車内の座席などは台湾の現地生産なので日本とは多少違っています。

鉄道のシステムで一番重要なのは車体よりも運行システムです。高速鉄道を導入する当時、日本製、フランス製、ドイツ製のどれを選ぶかという選択のなかで、ヨーロッパとの関係を重視した国民党はフランスのシステムを導入しました。また、線路はドイツから輸入したので、高速鉄道の運用は日独仏の3カ国共同体のような形になり、そのためシステム統合が非常に難航しました。

台湾国内旅行の時間を一気に縮めた台湾高速鉄道。2007年に開業した。週末は混雑が激しいので、早めに席を確保すること。

さらに、一部の区間は「サムスン」「現代」といった韓国企業が請け負いましたが、多量の欠陥が見つかり、結局、その事後処理を日本が行いました。

そして現在、運行管理や保守点検、防災体制など技術面で日本の新幹線システムに完全に入れ替える方向で話が進んでいます。JR東海が技術供与を行い、導入支援が行われているところです。

一方、台湾高速鉄道にはない駅ですが、台湾の北西部に位置する台湾鉄道の新北《シンペイ》駅というのが現存するなかでもっとも古い駅舎です。鉄道好きの人にとってはたまらない魅力でしょう。

また、そうした鉄道駅で食べておきたいのが「台鉄弁当」です。つまり日本で言う「駅弁」ですが、台湾の駅弁は日本統治下の名残が非常に強く感じられる、日本的なものの一つです。

台湾鉄道弁当はそれぞれの駅でつくるので、駅によっておかずや味付けが少しずつ違います。現在、台湾高速鉄道のなかにセブン-イレブンが大量出店していて、キオスクに代わる

2013年6月9日の鉄道記念日に発売された台鉄弁当の弁当箱。

文字通り台湾の鉄道で食べられる駅弁「台鉄弁当」。鉄道ファンはもとより、それ以外にも愛好者は大勢おり非常に人気が高い。駅や種類によって異なるが、たとえば排骨弁当が80元など。

店舗もセブン-イレブンが運営しています。セブン-イレブンでも台鉄弁当を売っていますが、鉄道利用の際には、ぜひ各駅でつくるオリジナルの台鉄弁当を食べてほしいものです。

お土産でお勧めなのは昔の弁当箱です。年に1回の鉄道記念日（鉄路節）には、昔のようなアルマイトでできた弁当箱に入った弁当を販売します。この弁当箱を欲しがるファンが多いのですが、実は記念日以外でも、運が良ければ台北駅の台鉄弁当直売店でその弁当箱だけを買うことができます。値段は200元（日本円で700～800円）です。特製バッグ付きで、実用性があってお得なのでお土産にも最適です。

ちなみに、日本でも1カ所、台鉄弁当を味わえる店があります。東京の錦糸町にある「台湾厨房　劉の店」で台湾鉄道弁当（997円）を売っているのです。箱を開けると温かい排骨飯が顔を出します。

台湾はイベントとお祭りの宝庫――哈日杏子

もしかすると日本人のほうが台湾観光に詳しい？

実はそんな疑問を抱いてもおかしくないくらい、ちょっと前までの台湾では、国内旅行をするという習慣がほとんどありませんでした。島の面積がたいして広くないせいもあってか、「旅行といえば海外旅行」という風潮がどちらかというと強かったのです。

しかし、週休2日制が広がったこと。質の良いホテルが多くなったこと。そして、高速鉄道など交通網が整備されたこと。そういったことがきっかけとなり、台湾人たちは週末の小旅行などに出かけるようになりました。まさに「ディスカバー台湾」といった感じで、ようやく台湾人の目も自分の国の良いところに向かうようになったのです。

かくいう私もそうした台湾再発見者のひとり。ヒマを見つけては台湾の観光スポットを回るようになりました。

お勧めスポットはたくさんありますが、たとえば内湾はいかがでしょう。この地域には「客家人《ハッカ》」たちがたくさん住んでいます。だから、街中には客家文化がいっぱい。食べ物はもちろん独特の工芸品など、さまざまな文化に触れることができます。

また、北部の人気スポットの鶯歌《おうか》にもぜひ。ここは陶器の街として知られており、お茶のセットなど台湾伝統の陶器から、日本風、洋風のものまで、何でも手に入ります。

こうした特色ある都市をめぐるのもいいですが、もう一つ注目したいのが、各地で行われるイベントやお祭り。旅ブームと相まって、季節ごとにさまざまな観光イベントが開かれるようになりました。

有名なものを挙げていくと、2～3月の国際ランタンフェスティバルや、ものすごい数のロケット花火が打ち上げられる塩水《えんすい》の蜂炮《フォンパオ》。3月なら桜の花見で、4～5月なら桐の花祭り。4月に台中市で開催される大甲の媽祖祭。4～6月に開かれる澎湖の水上花火大会。5～6月あたりに行われるのが、本島最南端の屏東《へいとう》・東港の黒マグロ祭り。7、8月なら宜蘭の国際子どもフェスティバルなどなど。

こうした、イベントに合わせて台湾を回れば、その時期にしか見られない台湾オリジナルの文化を体験することができるでしょう。

そして、イベントとともに時期が重要になってくるのが実は台湾での買い物。台湾では日本同様、1年に何度かバーゲンシーズンがやってきますが、なんといってもその規模、安さからいってずば抜けているのが秋のバーゲンなんです。

だいたい9月から12月くらいまで、台湾の百貨店は「周年慶」と銘打って、どこもバーゲンセールを行います。本来、周年慶とは「創業祭」のような意味ですが、なぜか創業記念日とは関係なく、いつの間にか中秋節が終わってからどこのデパートでも大々的なセールをするようになりました。

値引率はもちろん、景品や会員特典などさまざまな〝オマケ〟が付くのが周年慶の特徴。普段は値引きされない女性用の化粧品やさまざまなオマケを求めて、それこそ売り場からトイレまで長蛇の列ができます。実際の売り上げもものすごく、1日で数万人の客が来店し、売り上げが何億元にも達する店も。その熱気を味わうだけでも楽しめるかもしれません。ただし、もちろん買い過ぎには要注意。

このように、情報を手に入れておけば、台北だけでなく、さまざまな場所、そしてさまざまな時期に、それぞれ違った台湾を楽しめること間違いなし。ぜひ皆さんには、いろんな台湾の姿を見て知って体験してほしいと思います。（談）

第2章

台湾とはどういう国なのか
～現代台湾論～

安西直紀 vs. 渡邉哲也対談

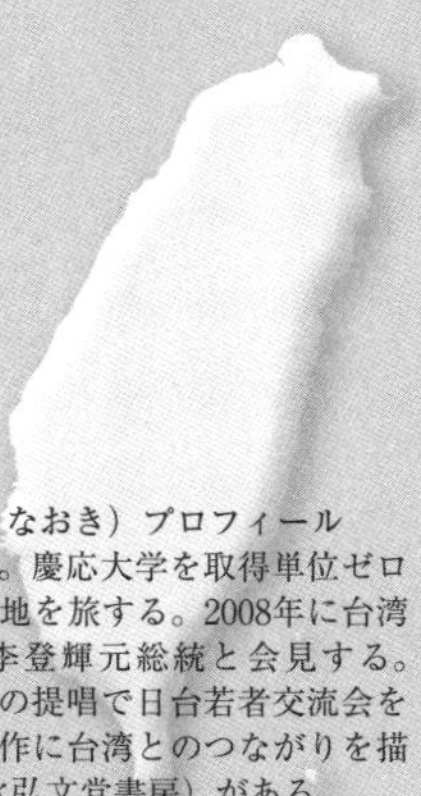

●安西直紀（あんざい　なおき）プロフィール
1980年、東京都生まれ。慶応大学を取得単位ゼロで中退した後、世界各地を旅する。2008年に台湾を初訪問した際に、李登輝元総統と会見する。2012年、李登輝元総統の提唱で日台若者交流会を設立、代表に就任。著作に台湾とのつながりを描いた『越境国境』（清水弘文堂書房）がある。

台湾ホテル事情のあれこれ

渡邉　安西さんは台湾に行ったときに必ず足を運ぶ店とか観光名所はありますか？

安西　あります。一つは高級ホテルである「国賓大飯店」、英語名「アンバサダーホテル」の向かいにある「廣方圓茗茶《こうほうえん》」というお茶屋さんです。MRT雙連駅から徒歩で5分ぐらい。アートギャラリーのような美しい空間が広がっていて、小さいのにすごく品のあるお茶屋さんです。そこのマダムが湯齢娜《タンリンナ》さんと言うんですが、日本好きで日本語がしゃべれます。私はいつもそこに行って台湾のいまの流れを聞いたりしながらお茶を一杯飲ませてもらっています。

渡邉　どんなお茶ですか？

安西　台湾で採れるお茶です。はじめはプーアル茶専門店としてオープンしたそうですが、いまはプーアル茶、紅茶、烏龍茶、東方美人、ジャスミン茶、鉄観音など多くの種類のお茶を売っています。ティーサロンにもなっていて、一部のお茶は試飲も可能です。実は湯さんは私が代表を務める「日台若者交流会」の顧問になってくれていて、その関係でお世話になっています。販売されているお茶はそこそこいい値段で1パック300～400元ぐらい

台湾産のお茶にこだわる廣方圓茗茶。東日本大震災後、被災者の支援も行った。パッケージもセンスが良くお土産に最適。【所】台北市中山北路2段72巷7号【交】MRT雙連駅から徒歩5分【営】9:00～21:30【休】無休【料】15個入り鉄観音ティーバッグ380元～【HP】http://www.kfytea.com

です。

渡邉　日本人の観光客が行く有名なお茶屋さんの値段とほぼ同額ですね。

安西　そうです。パッケージもこだわっているので、お土産にもピッタリです。湯さんは東日本大震災後に台湾産のお茶を1500パックも福島へ送って支援をしたんですよ。ちなみに、この店のオリジナルのパイナップルケーキもおいしいですね。

パイナップルケーキと言えば、私はアンバサダーホテルのパイナップルケーキもお土産によく使います。台湾外交部も御用達なので必ずお土産で買いますね。

渡邉　アンバサダーは高級ホテルですから、ギフト用にわざわざ買いに行く人が多いんですよ。値段は他の店とたいして変わらないんだけど、やはり台湾の外交部の御用達と言われるだけあって、ケーキの味は格上です。

安西　そうなんです。パッケージに高級感がありますね。

お土産を買うときは、そうした見栄えを大切にしたいですね。

渡邉　同じお土産を買うなら高級ホテルに行け、と。

安西　そのとおりです。

渡邉　国賓大飯店などの高級ホテルは町のほぼ中心部にありますね。日本のホテルオークラや帝国ホテルのように、外国の国賓クラスを泊めるためのホテルなので非常に人気がありま す。「円山大飯店」などは観光用として日本人に非常に人気がありますが、外交会談の場や日本で言うところの政治家のパーティーを行うホテルとしては国賓大飯店、つまり、アンバサダーホテルですね。日本人が泊まる場合は、「オークラ」が利用しやすいでしょう。オークラも中山にありますが、台湾のなかでも歴史のあるホテルで、建て直してから非常にきれいになりましたね。

安西　私はちょっとマニアックすぎるところがあって、最近のホテルのロビーは香水のような香りがするところがありますけど、国賓大飯店の香りがすごく好きなんですよね。だから台湾に来て国賓大飯店のあの香りを嗅ぐ

台北市のランドマークとも言える円山大飯店。ビジネスからレジャーまで、さまざまな用途に対応している。【所】台北市中山北路4段１号【交】MRT円山駅、大直駅、劍潭駅から無料送迎バスあり【料】スタンダード8200元、デラックス12000元など【HP】http://www.grand-hotel.org/main/Default.aspx?lang=ja-JP

広々とした部屋と豊富なアメニティなどが特徴的なリージェント。最上階のスパも定評がある。【所】台北市中山北路2段39巷3号【交】MRT中山駅から徒歩5分【料】シングルスーペリア15000元～

と、条件反射で「あっ、台湾に来た」と実感します。それぐらいあの香りは好きですねぇ。その国賓大飯店がある通りにはいいホテルがずいぶん並んでいて、そのうちの一つがリージェント台北です。5つ星ホテルで、あそこの朝ご飯はすごくおいしい。そのすぐ横にもニッコータイペイホテルがあります。

渡邉　台湾のオリジナル高級ブランドホテルで台南にもあるランディス・グループのホテルに泊まるのもいいですね。また安いホテルでもある程度セキュリティと安全が保たれていますから、学生さんだと日本円で1泊3000円以上のホテルであれば問題ないでしょう。旅慣れた人は、エクスペディアなどで探して安いホテルに泊まる人が多いですね。料金はだいたい2000～3000円ほどです。

安西　民宿もありますね。台東方面の一軒家なんかも借りられますよ。

渡邉　コテージみたいなもの？

安西　ちゃんとした家です。最近「Airbnb（エアビーアンドビー）」ってサイトがあるじゃないですか。日台若者交流会では、このサイトを上手に使って、ホテルに泊まるより安く旅をしているメンバーもいますよ。

渡邉　台東はややマイナーなエリアですね。ただしその方法はかなり高度なテクニックだから、よほど台湾に詳しい人じゃないと無理ですね。

安西　若者が行く安宿ですと、私たちがすごく愛用しているところが台北にあるんです。「山田屋」という宿で、文字通り山田さんがオーナーとして運営しています。個室もありますが実質ドミトリーという形の宿泊で1泊400元程度です。

渡邉　1200円ぐらいですね。日本で言うところの木賃宿と言えばいいでしょうか。

安西　私は本当に安いホテルに泊まりたいときは山田屋に行きます。日本人同士の情報交換もできますしね。

渡邉　ホテルに困ったら、山田屋に飛び込めということですね。

安西　そうなんです。山田さんは名物人でして、私が台湾に初めて行ったのは6年前ですが、そのときからずっとお世話になっています。台湾を訪れるたびに毎回ご挨拶に行き、山田さんにいまの情報を聞くのが楽しみなんです。山田屋は中山駅から歩いてすぐのところにあります。新光三越南西店の裏側ですね。新光三越南西店はお

日本人の山田玄氏が経営するゲストハウス。予約はjgh_yamadaya@yahoo.co.jpから。【所】台北市中山北路1段140巷4号3F【交】MRT中山駅から徒歩2分【電】093-659-4634【料】ドミトリー400元、個室700元

しゃれなデパートですが、その裏側に下町的な路地があってコンビニやコーヒー店や中華食堂が並んでいます。山田屋の看板はちょっと小さいかもしれませんが、1階が美容室でその3階なので、すぐ見つけることができるはずです。

現地に根づいた日本人たち

渡邉　台湾で商売している日本人はかなり多いですね。日本人学校があるぐらいですから日本人会はかなり大きな組織なんでしょう。いざとなったら台北にある日本人会に「困った」と相談するのも一つの手ですね。

安西　台湾日本人会は1961年に日台親善を目的として設立されました。会員資格は台湾に居住する20歳以上の日本人（個人会員及び夫婦会員）と台湾に事務所がある日系法人（法人会員）で、2013年の12月末で個人会員と夫婦会員が2792名、法人会員303名、台湾人の準会員65名でした。そのときの総幹事は山本さんという方ですが、私が大会を開いたときに来られたことがあります。そのとき「結束力が非常に強い日本人会だよ」とおっしゃっていました。

渡邉　企業の駐在員などもたくさん台湾で暮らしていますから、日本人会の結束も固いので

情人橋や紅毛城など見所がたっぷりある淡水。とりわけ海に沈む夕日を見物しに多くの人が連日集っている。行き方はMRTで台北駅から淡水駅まで35分50元。

色合いが刻一刻と変わる湖、日月潭。かつて蔣介石の別荘だったホテル「ザ・ラルー」からも眺めが楽しめる。アクセスは台北から直行バスで約4時間、460元。あるいは高速鉄道の台中駅で下車、タクシーかバスに乗り換えて向かう。

しょう。ところで安西さんは温泉は好きですか？

安西　北投の温泉は大好きです。台湾の友人たちに案内してもらい、温泉に入った後に同じ施設で食事とカラオケを楽しんだことがあります。それと、淡水の夕焼けはたまらないですね。ずいぶん郊外ですが、電車1本であそこまで行けるのは便利です。それほどお金もかかりませんし、台北市内とはまた違う表情が見られるところが魅力です。

渡邉　車で移動すると台北の中心から約1時間弱、MRTを利用すると40分ぐらいですかね。

安西　MRTだと40分です。淡水線に乗って終点なので乗り換えもなくて便利です。

渡邉　淡水は若者のデートスポットとしても非常に有名ですね。故宮はちょっと行きづらい場所にあって、士林の駅からバスかタクシーに乗って15分ぐらい。タクシー料金は1000円前後です。

安西　日月潭のほうも大変美しくて好きなスポットの一つです。一番上のところに蔣介石の別荘があって、オーストラリア人の有名建築家が設計した「ザ・ラルー」というホテルに代わっています。そこは値段も高いんですが、本当にすごくいい建物なんです。日月潭は日本の軽井沢のような高級別荘地です。だいたい台湾の一番高いところ、一番きれいなところ、一番いいところに、蔣介石は別荘を建てました。それらの建物は、李登輝元総統以来の開放にともなって民営化されたり、ホテルになって一般人が利用できるようになったりしています。

台湾版ぜんざいの仙草ゼリーのスープ。台湾を代表するデザートの一つだ。

渡邉　夜市はいかがですか？

安西　士林の夜市は規模が大きいので評判ですけど、私が好きなのは寧夏《ねいか》の夜市です。ここはローカルスポットの夜市の一つで、地元の人に連れて行ってもらいます。必ずそこで牡蠣の入ったお好み焼きとデザートを食べます。

渡邉　デザートは愛玉子《オーギョーチ》ですね。

安西　はい。それと温かい仙草ゼリーのスープにタピオカや餅

台北を代表する大規模な士林の夜市。グルメはもちろん、ショッピング、占い、ゲームなど、多彩な遊びを毎晩堪能できる。【所】台北市大東路、基河路周辺【交】MRT劍潭駅から徒歩3分【営】夕方～翌1:00頃

地元色が強い寧夏夜市。豚の血のゼリーが入ったスープ「猪血湯」など、B級グルメを出す屋台が軒を連ねている。【所】台北市寧夏路【交】MRT中山・雙連駅から徒歩10分【営】夕方～翌1:00頃

が入ったデザートも大好物です。いわば、台湾版のぜんざいですね。

渡邉　台湾に行って気をつけないといけないのは、コンビニや街でお茶を飲むときは、基本的にお砂糖が入っているので、無糖と書いてあるものを選ばないと、頼んだものと自分の想像とまったく違うものが出てくることがあります。アイスコーヒーはとくに甘い。コンビニでＵＣＣのブラックを25元で売っていますので、それを頼むことです。あとはブラックコーヒーが飲めるのは海外にも進出しているようなファストフードチェーンで、ノンミルク、ノンシュガーと言えば、日本のアイスコーヒーのブラックが飲めます。

アートからグルメ、ショッピングに至るさまざまな最新台湾文化を楽しめる松山文創園区。豊かな自然も魅力だ。【所】台北市光復南路133号【営】園外（池など）24時間開放、園内施設9:00 ~ 18:00、施設外9:00 ~ 22:00【交】MRT市政府駅から徒歩10分

安西　日本と台湾をつなぐ文化遺産なども多くあります。松山にある文創園区は、とてもいいスポットの一つだと思います。１９３７年にタバコ工場としてつくられた場所が稼働しなくなったので、建物のなかを文化的なアートスペースにした大変おしゃれなスポットです。周辺には「ドリップカフェ」や「誠品書店」といった若者に人気の店が並んでいます。この地区も日本の統治時代につくられていたものだったことなどを考えて行ってみると、

また感じ方が違うはすです。

渡邉　誠品書店の新しい店舗はいま一番しゃれたスポットですしね。

安西　私の知り合いでもあるんですが、日本の老舗茶屋で抹茶のドリンクやスイーツを出す「TSUJIRI（つじり）」があります。福岡県の小倉にある「辻利茶舗」が台湾企業と提携の上、進出し、現在台湾に数店舗ありますが、阪急百貨店、そごうデパートのなかなど大変いい場所にあります。

2010年10月にオープンした台北阪急店。150年以上の歴史をもつ老舗茶屋で、日本産の抹茶を使用したドリンクやスイーツは台湾でも大人気。【所】台北市忠孝東路5段8号 統一阪急百貨台北店B2F【交】MRT市政府駅直結【営】11:00～21:30（金、土、休前日～22:00）【休】不定休【料】煎茶85元、御抹茶125元【HP】http://www.tsujiri.com.tw

　なぜ辻利茶舗が台湾に出店したのかという理由の一つに、実は日本の統治時代に京都の「祇園辻利（都路里）」が、いまの「二二八和平紀念公園」のすぐ横に出店していたというご縁もあるそうなんです。その建物が現在も残っていて、そこはスターバックスになっています。そのスタバのなかに、当時の「辻利茶舗」の写真がちゃんと飾ってあり、「この場所はもともとお茶やコーヒーを一服する場所として置かれていた」と、そのルーツを掲示してあります。

渡邉　つまるところ、日本と台湾の歴史が交差する建物や場所が台湾のなかにはいまもたくさんあるので、こうしたところに足を運んでみると、さらに台湾と日本の距離がいかに近いかわかります。そんな場所にぜひ足を運んで感じてほしいですね。

「ニイタカヤマノボレ」に実際にトライしてみた

台湾最高峰を誇る、かつて新高山と呼ばれた玉山。旅、登山に慣れていなければツアーで参加すること。詳しい情報はホームページ（http://www.ysnp.gov.tw/jp/）でもチェックできる

安西　私は世界の50か国ぐらいを旅していたんですが、台湾はずっと気になっていた国です。そして6年前に初めて台湾を訪れました。行く以上は普通ではないことをやってみようと思って、台湾で一番高い山である玉山《ぎょくざん》に登ってみようじゃないかと仲間内で企画して、最終的に10名ほどで登りました。玉山は日本の統治時代には「新高山」と呼ばれていた山です。

渡邉　新高山は台湾で一番高い山で、3952mありますから富士山より高いんですね。若い世代は「ニイタカヤマノボレ」をあまり知りませんね。「ニイタカヤマノ

ボレ」は太平洋戦争の開戦、つまり「真珠湾を攻撃せよ」という意味の暗号です。それも解読されていたと言われていますが。当時台湾は日本統治下にありましたから、新高山は日本で一番高い山だったんですよ。新しくできた高い山なので「新高山」です。

安西　台湾の人に「新高山に登ったよ」と言うと「おっ、やるなっ！」と尊敬の目で見られるんですよ。新高山登山はやはり富士山と似ていて登山者も多いです。ただ、登る際には入山料を払い、ガイドを付けないといけないんです。登山チームにガイドを必ず付ける。これには理由があって、一つは安全のため、もう一つは地元の原住民の雇用を守るためです。たいてい2日かけて登る形になります。

渡邉　登る途中で1泊するんですね。

安西　はい。私は富士山にも登ったことがありますが、新高山の8合目あたりにも富士山と同じく、山小屋があります。でも、新高山の山小屋のほうが富士山より立派でした。ガイドは料理もつくってくれるんですが、山の上とは思えぬ品数を用意してくれて、味もえらく旨かったですよ。山小屋では台湾人の登山者から日本語で話しかけてもらい、友人もできました。山登りの間、台湾のホスピタリティというかやさしさを何度も感じました。

渡邉　新高山の近くに合歓山がありますが、合歓山のほうが少し低くて登りやすいですね。蔣介石が別荘にしていたところがいまホテルになっていて、お金を払えば誰でも泊まれます。

雄大な景色が楽しめる合歓山。頂上近くまで国道「台14線」が走っている。台北駅から台中駅まで高速鉄道で約1時間、765元。台中からはレンタカーかタクシーをチャーターするのが一般的だ。【所】南投県仁愛郷

合歓山には冬場限定のスキー場があります。

安西　合歓山のいいところは３４００ｍまで車で登って、山荘に泊まってそのまま帰って来ることも可能なところですね。

渡邉　ズボラな人には最適な山です。３４００ｍの高さですから、雲が下になって日の出を見るのにも最適なスポットですね。

安西　合歓山は入山料が必要ですか？

渡邉　合歓山は普通に国道を登っていくだけなんです。富士山の８合目に行く感覚で滑雪山荘というところまで行けます。そこから徒歩で行く登山道もあります。山頂とは別に峰みたいになっているところまで行って山荘に泊まり、そこから歩いて登ります。ただし、標高３４００ｍですから空気が非常に薄くて高山病になってしまう可能性が高いので気をつけないといけません。途中にリゾートホテルが結構ありますから、できればそのあたりで１泊するか、１日ゆっくり時間をかけて途中下車しながら行くことをお勧めします。

安西　新高山に登るには事前に許可が必要なんです。いまも覚えていますが、6年前は登る直前に台風が来たせいで、ぎりぎりまで登れるかどうかわからなかったんです。許可が下りないこともありますからね。

渡邉　入山料はいくらぐらいですか？

安西　航空券、ホテル、山小屋、移動のバス、登山ガイドが付いているパッケージ料金で登りました。入山料は、皆で行きましたから1人2万～3万円ぐらいはかかったんじゃないかなぁ。

渡邉　日本にも関わりがある話をすると、日本の国会議事堂は西洋から取り入れた技法で建築しましたが、材料は純国産でつくっているんです。その純国産材料は台湾の新高山や石が採掘できる台中の仁愛郷あたりの石もたくさん使われています。当時は台湾も日本の一部でしたから。とくに入口のエントランスホールはモザイクタイル状になっていますが、これ実はタイルではなくて1m近い石柱が全部打ち込まれているんです。この材料には朝鮮半島の石材や台湾の石材が多数含まれていて、当時の日本の存在を象徴しています。

安西　台湾や朝鮮から材料を調達していたわけですね。当時のものがそのまま国会議事堂に残っているんですねぇ。

渡邉　日本には太くて大きな木材があまりなかったので、台湾や朝鮮の木材を使っている部分もあるという話です。

安西　なるほど。6年前に台湾を訪れた目的は新高山に登ること、そしてもう一つは李登輝元総統にお会いすることでした。「李登輝元総統にお会いしたい」と私が手紙を出して、ある紹介者のおかげで願いが叶い、お会いすることができました。

渡邉　李登輝総統はどんな印象でした？

安西　台湾で一番有名で会ってみたい人物は誰か、と考えたら李登輝元総統だと思いまして、それで手紙を書きました。私邸に招いていただいて1対1で3時間も時間を割いてくれたのでびっくりしました。実は、私はその頃はまだ李登輝元総統の信奉者ではなかったので、ご著書を読まずに会ったんですが、李登輝元総統は自分自身の話をたくさんしてくれました。李登輝元総統は私がご著書をたくさん読んできたのだろうと思っていたようで、私は途中までごまかしていたんですが、3時間という時間は長いですからねえ。終盤でバレてしまって「もっと本を読まなきゃダメ」と李登輝元総統に叱られてしまいました。

渡邉　いい経験でしたねぇ。

安西　はい。叱られたことを含めてもすごくいい経験でした。実際にお会いして日本と台湾をつなぐ重要人物が李登輝元総統であることが強烈に理解できたからです。実質的には李登輝元総統との縁が、私が代表となる日台若者交流会が産声を上げるきっかけになりましたから。その後、２０１０年頃にまた台湾に行きましたが、そのときも李登輝元総統に会わせていただきました。でも決定的に台湾とのつながりが深くなったきっかけは東日本大震災です。２０１１年の大震災後、台湾は日本に２００億円を超える義援金を送ってくれました。私はそのニュースを見て胸が打ち震えました。

1999年9月21日に発生した大地震の被害をそのまま保存している921地震教育園区。地震に関するさまざまな資料が展示されている。【所】台中市霧峰区坑口里中正路46号【交】高速鉄道の台中駅で在来線に乗り換え台中駅で下車、タクシー、あるいはバスに乗り換え光復新村／921地震教育園か坑口（921地震教育園）で下車。

渡邉　台湾の９２１大地震のときに日本が多数の支援をしたことを台湾の人たちが克明に覚えていてくれたんですが、日本人には台湾を支援したという記憶があまりないんですね。その点が非常に寂しいところではあります。正直なところ、そこは反省しないといけません。

安西　台中市霧峰区に「９２１地震教育園区」という施設があります。１９９９年の９２１大地震の震災のときに壊れた校舎をそのまま残しているんです。私も何度かそこを訪れていますが、園区のなかには、日本が最初に救援隊を送ったという解説文が添えられたパネルなどが展示されています。地震発生当時に世界各地が報道したニュースを流している場所があって、そこでは当時の小渕恵三総理と野中広務官房長官が、救援隊の派遣を発表した映像までちゃんと流されているんですよ。「台湾人にとっては、９２１大地震のときに日本の支援があったから、東日本大震災に支援、寄付をするのは当然だ」とサラッと言う人がいるんですよね。李登輝元総統もそう言っていました。「当然だよ、あのとき助けてくれたじゃないか」と。そう思うと台湾が日本にもっている熱い視線に日本人はもっと気づくべきなんじゃないかなと私は思いますね。

渡邉　「９２１地震教育園区」にはどうやって行くんですか？

安西　台中の新幹線の駅を降りて、そこから車で30分ぐらい。ちょっと郊外になります。私はいつも知り合いの車を使っていますが、タクシーで行ってもいいですよ。

渡邉　車で30分ぐらいなら、タクシーだったら日本円で２０００円ぐらいですね。

安西　９２１大地震は夜中に起きた地震だったので、幸いそこで亡くなった方はいませんでしたが、マグニチュード7・３の強烈な地震でしたからね。ただ、損壊した建物を残しやすかったという背景があったようです。

渡邉　幸いにも津波はありませんでしたからね。それ以降の台湾は何度も大雨などで各地が孤立したりしましたが、そのときに日本が統治下につくったインフラがいまだに残っていて、先日も新しい国道が流されて山の中の隧道《ずいどう》だけが残っていた。それは日本軍が掘った生活道であることが報じられていましたね。

台南に本当の台湾がある

渡邉 旅のエキスパートと言われる人たちは、ヨーロッパや南米には旅をしていても、台湾は置き去りにしがちなところがあります。きっと、近い国だからいつでも行けると思っている人が多いんですよね。ヨーロッパをよく旅行する人に「台湾に行ったことがありますか？」と聞くと「この前、初めて行った」という人が多いんですよ。でも台湾は日本に非常に近くて、ほかの海外に比べて比較的安全な国です。年齢を問わず若い人からご高齢になられても行きやすい場所だと思います。

安西 本当ですね。私もはじめは「日本に近くて、小籠包があって、マッサージがあってといった程度の国だろう」と思っていましたが、実際に行ってみると最大の魅力は「人」だったことをいまもなお感じます。現地の知り合いができたこともありますが、普通に町を歩いていても、道案内をしてもらうようなことが何度もありました。日本人として世界を旅しましたが、その親切度はダントツです。私はその点でも台湾に対しては特別な思いを抱いています。

渡邉　やはり日本がつくった教育インフラをはじめ、戦前教育の良さがいまだに生き続けているところがその一つだと思います。それと暖かい地域特有のやさしさ、これが足し算されて生きているのがいまの台湾ではないでしょうか。南部の田舎のほうが親切だったりしますが、これは日本でも同じようなものかもしれません。観光客があまり来ないので「日本から来た」と言うと「よう来た、よう来た」と歓迎してくれるようなところがあります。大陸的でお祭り好きなところも全部ミックスされているのが、台湾の魅力ではないかと思います。

安西　いまは台南が人気がありますよね。私も何度か訪れたことがありますが、台北とはまた違う雰囲気があります。まさに南国のさらに南国ということになるので、台湾の人のなかには「台北はもう台湾ではないよ。台南や南部にこそ台湾そのものが残っているんだ」と言う人たちがいます。実際、台南に行くと分かるんですが、台北以上にゆったりしているんですね。

もう一つは、最近はあまり聞かれなくなりましたが、それでもいまもある「本省人（戦前から台湾に住んでいた人たち）と外省人（１９４９年に国民党とともに台湾に移り住んできた人たち）のどちらか」という台湾人の出自の違いですね。その点では外省人は台北に多く、台湾南部はとくに本省人が多い。そこに、台南が本当の台湾と言われるゆえんがあると思います。

渡邉　台南は何と言っても台湾最古の都市なので、オランダ統治時代の古跡が街中に点在しています。さらには日本統治時代の建物も大切に保存されています。その意味では同じ台湾でもちょっと別の島の雰囲気がありますね。高速鉄道に乗って台北から台南まで2時間弱ぐらい。冬場に行くと台北では長袖が必要なのに、台南に行くと長袖がいらなくなるんですよ。それぐらい気温差があります。台南は冬でも半袖で生活できる暖かさがあるのが台北との大きな違いです。ただし夏場は暑くて、台北で35度だったら台南は40度近い。太陽のギラつきが違います。

安西　夏過ぎの台風シーズンも半端じゃないところで、東京などと比べると天候に左右されやすい部分がありますね。

渡邉　四季がないとは言わないけれど、どちらかと言えば雨期と乾期に分かれていて南方性の気候に近いものがあります。米に関しては、いまでこそ南方の気候に耐えられる短粒種をつくっていますが、ジャポニカ米の南限より南に位置していますから、基本的に長粒種の米がつくられていました。李登輝総統はサトウキビをそのまま日本から台湾にもち込みましたけど、台風が多い国なので強風で折れちゃうんです。ですからハワイかどこからか別の品種をもってきたようですね。

台湾の微妙な季節感

台湾は北回帰線を挟んで、北・中部が亜熱帯、南部は熱帯に属しています。日本のような四季はなく、長い夏とほんのちょっと短い冬があるだけです。たとえば台北の年平均気温は23℃であるように、台湾の気候というと「1年中温暖」というイメージを抱いていることでしょう。

ところが、実際の気候は南部と北部でだいぶ違います。南部は1年のほとんどが夏のような暑さで、夏季は毎日のようにスコールがある、まさに高温多湿な気候です。一方、北部では雨期、そして日本のような梅雨もあります。

さらに、北部の冬は要注意。寒波などの影響で雪が降り、気温も氷点下になることも。しかも、台湾のホテルや施設には冷房はあるものの、寒い時期が短いので基本的に暖房はありません。そのせいもあってか、台湾の人は風邪やインフルエンザにかかりやすいともいわれています。

とにかく、冬場に北部を旅する人は「台湾だから薄着でOK」などと考えないこと。セーターやコートなど、厚手のアウターをお忘れなきように。

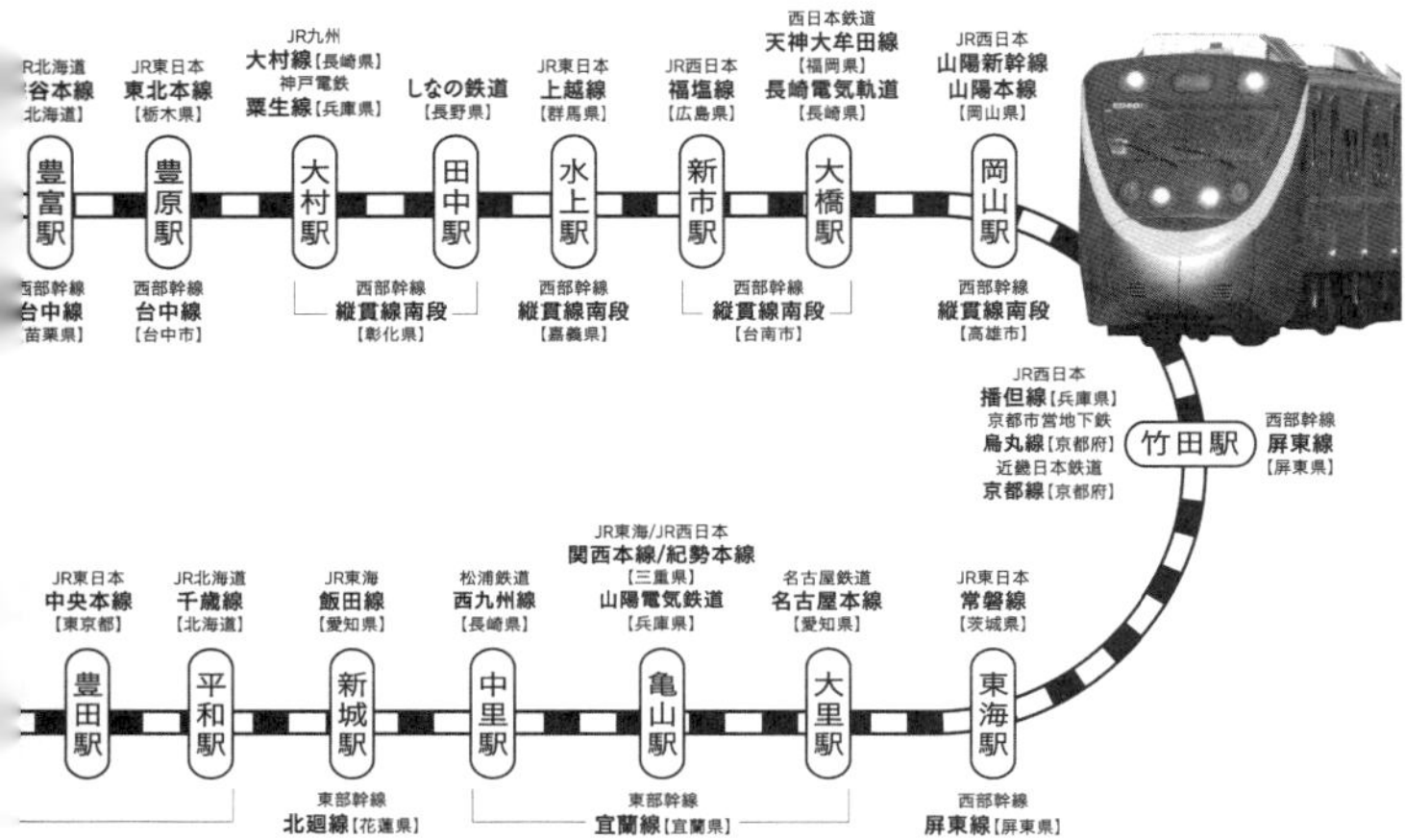

安西　サトウキビなどはたくさん採れて製糖産業が盛んなような気がしますけど。台湾製糖という会社がありますよね。

渡邉　台湾製糖は国策会社ですね。日本統治時代に創立されて、台湾最初の新式製糖工場を建設した会社です。台糖は台湾製糖の後身で、かつては東京都中央区に存在していました。ところが、いま台湾の製糖会社はほとんど廃業しているんですよ。

安西　えっ、そうなんですか？

渡邉　台糖も不動産などの別の事業がメインになっています。フィリピンなどの製糖コストが安い国があるものですから、どうしても人件費が安いところに負けてしまいます。そのために台湾国内の製糖会社はずいぶん減っていると思います。基本的に製糖産業はプラ

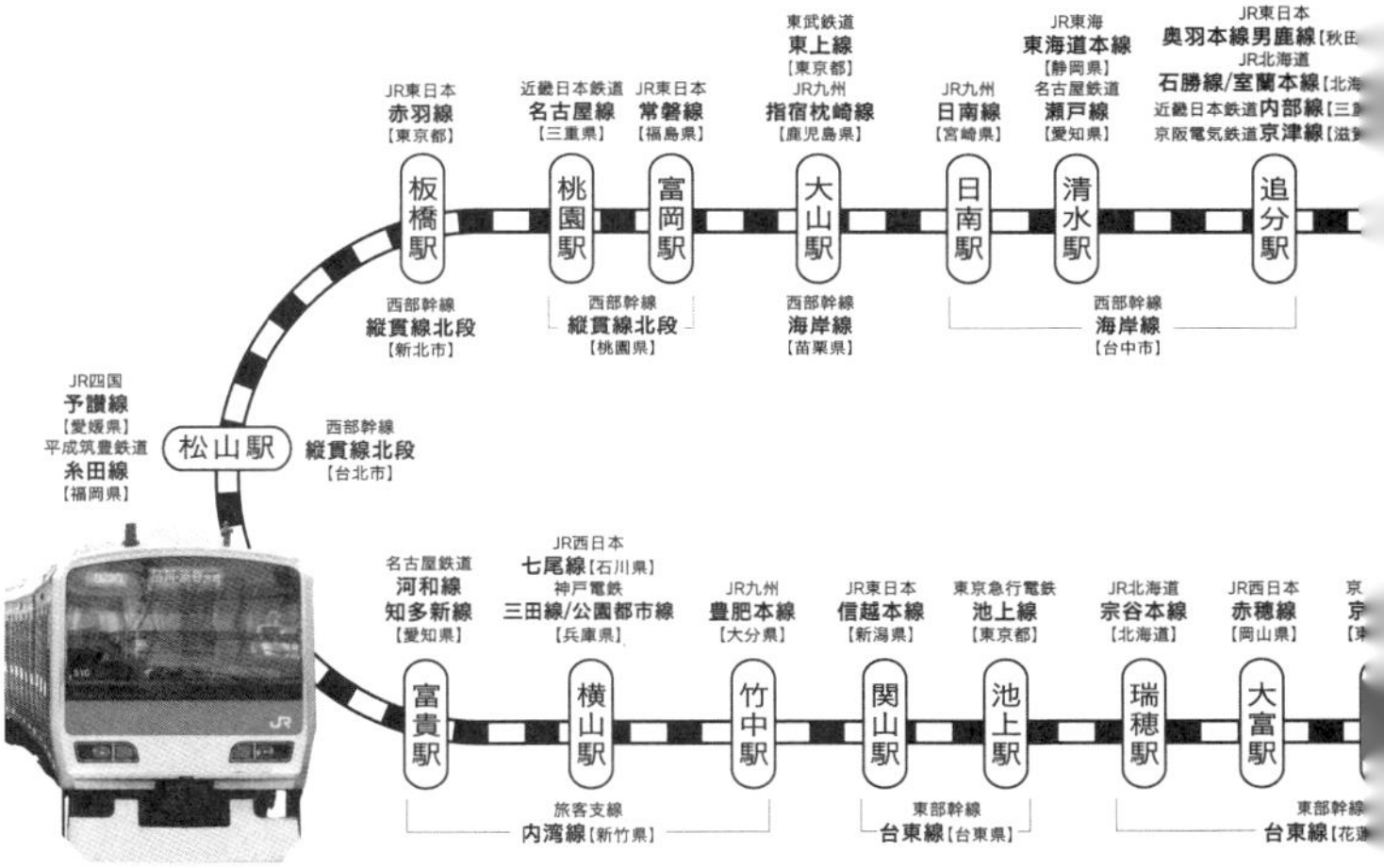

日本と同名の駅が、台湾には32もある。

ンテーション農業に向いている事業ですから。

ところで、台北市内には「板橋」「三重」「松山」といった日本の地名がたくさん残っています。日本人が現地を開拓したとき、地名がなかったので日本の地名を付けたんでしょう。開墾するとき、同一の県から何人かまとめて入植することが多いので、たとえば松山出身の人が集まると「松山」という名前を付けたり、県人会的な集落を形成したりしますよね。

安西　松山空港あたりに松山出身の人がたくさん集まっていたということですかね？

渡邉　愛媛県からの入植者が多かったのかもしれません。たとえば広島からハワイに移住すると広島弁がその地域の標準語になるみたいなことがありますよね。

安西　台湾と日本とで同じ駅名が32駅あるん

です。その駅と同じ苗字の人を抽選で1名ずつ台湾に招いて1日駅長になってもらうという観光局の企画をやっていました。私の会のメンバーに「亀山」という苗字の人物がいて、台湾に「亀山」駅があったのでその同名のメンバーに応募させました。名前一つとっても日本と台湾の縁の深さがわかるのがおもしろいところですよね。

渡邉　台北の真ん中の中山、林森北路周辺には日本人の駐在員や日本人向けのスナック、クラブがたくさんあります。名残がほとんどなくなってしまいましたが、そこはもともと、日本から台湾に入植した役人たちの邸宅跡です。それが現在の日本人街に変わったんです。そこに行くと入植者が京都のように何条何通りと名前を付けた石碑が立っています。いまも細い路地が残っていますけど、たまに当時を彷彿とさせるものが残っています。

烏山頭ダムは台湾旅行のハイライト

安西　烏山頭ダムは行ってよかったなと思うスポットの一つです。

渡邉　やはり当時世界最大と言われるダムを、日本人が独自の技術でつくったのがすごいところなんでしょうね。つくったこと自体、賞賛に値しますが、いまだに台湾の人たちが国家の礎を築いた人物として、ダム建設者の八田與一を最大の功績者と認めてくれています。日本人ですら覚えていないような話を現地の人たちがいまだに伝えてくれているのは、うれしいことです。

烏山頭ダムは金沢出身の八田與一技師が日本統治時代に建設したダムですが、１９２０年に着工して10年後に完成しました。台南県官田郷にあり、堤高56ｍ、堤頂長１２７３ｍ。嘉南平野に農業用水を供給する１万６０００㎞におよぶ用水路とともに、嘉南の水源として利用されています。八田與一を支援した後藤新平という人物は、いわば東京を設計した人です。関東大震災の翌日に内務大臣になって「帝都復興院」を創設して、大規模な区画整理や道路計画、都市計画、大胆な構想を掲げ人材を抜擢しました。「大風呂敷」なんて言われましたけれど東日本大震災で再び注目されていますね。さらに言えば、台湾の人は八田與一だけでは飽き足らず、過日、奥様の銅像までつくりました。

八田與一の指揮の下、1920年に着工し10年後に完成した烏山頭ダム（八田ダム）。台北から高速鉄道で台南駅、そこからタクシー、または嘉義駅で在来線に乗り換え隆田駅からタクシーが一般的だが、交通の便があまり良くないので、初めての場合は日本の旅行会社のツアーに参加するのが無難。

安西　その話を補足する形になりますが、小さな

八田與一を称えるモニュメント。「永遠的技師」とその功績が刻み込まれている。

記念館とその前にモニュメントがあるんです。そこに「永遠的技師　八田與一」と刻まれています。いまの日本と台湾とは正式な国交はありませんが、国交のない日本人の技師を「永遠の技師」だと非常な敬愛と尊敬の念をもって受け入れているという台湾社会のある種の懐の深さに感服します。と同時に、異国の地で「永遠的技師」と言われる日本人に誇りを感じます。

渡邉　八田與一の銅像はダムの建設現場を見て体育座りをしたような姿で飾られています。偉そうに上を向いて立っている銅像が多いなかでは非常に象徴的ですね。当時八田與一がそこの山の中腹に座ってダムづくりに力を注いでいた様子がよく分かります。あんな銅像がある場所は世界を探しても皆無に近いのではないでしょうか。そこに愛情を感じますよね。

安西　烏山頭ダムはいまも稼働していますから、かなり郊外にあります。相当広いのでごく一部しか見えず、全体を見ることができません。

渡邉　入口を車で上がっていくと、当時の技師たちの住まいがそのまま保存されていて、そ

烏山頭ダムほとりの公園にある八田與一の銅像。八田は1886年生まれ。東大土木学科を卒業後、台湾でダム建設に尽力したが、1942年、船上で米軍の攻撃を受けて死亡した。

の上にホテルがあります。そこでちょっとしたパーティーができるようになっていて、年に1回、八田與一の追悼記念儀式が行われます。そのためにあるようなホテルです。地元の人はほとんど使わないようですね。

安西　八田與一を追悼するセレモニーのときに、総統、副総統がやってくるというのもすごいですよね。彼らは例の銅像の前に花を捧げます。

渡邉　毎年5月8日に行われる追悼式で興味深いのが宗教様式です。仏教で追悼するんですが、同じ仏教でも台湾と日本の様式が違っていて、それぞれのお坊さんが来てお祈りをするんです。八田與一の地元の石川県からお坊さんが来て、お祈りをして法要をして、その後に台湾の同じ仏教宗派のお坊さんが来るんですが、台湾のお坊さんは小乗仏教と大乗仏教をミックスしたような仏教様式です。日本のお坊さんたちよりカラフルで、ものすごい量のお供え物をして、鳴り物が多かったりするので文化の違いを感じますね。

日台の若者意識を比較する

安西　私は6年前まで、台湾についての情報をまったくもっていませんでした。日本の若い人たちが台湾に興味を抱かないのは致し方ないと思います。それまでの私のように、それこそ小籠包とマッサージの国というレベルから一歩も進まないところがあります。でも日本が統治をしていた当時の時代背景などを含めて大変深いいきさつがある国ですし、文化が交差しているときがあるので、その点で台湾に興味を抱くわけです。震災などを含めて、いまも日台が深く結びついているところに魅力を感じます。

渡邉　日本人の若者は台湾に興味があるから交流会に入ってくるんですか？

安西　私の会は東日本大震災後に立ち上げましたが、震災後に台湾に関心をもった人が一定数います。震災のときに台湾が多額の義援金を送ってくれたことから関心をもち、私の会の門を叩いてくる若者がいるのです。

渡邉　現状で会員は何人ぐらいですか？

安西　日台合わせて300名ほどです。

渡邉　台湾側は台湾の人ですね。

李登輝総統を迎えた日台若者交流会の様子。

安西　主にそうですが、台湾で暮らしている日本人もいます。平均年齢25歳の若い組織です。台湾人で入会してくる人は日本が好きであったり、留学前に日本をもう一歩知りたいという人が多いですね。マンガやアニメ、あるいは日本のお店はいま台湾でもすごく増えていますが、それらを見聞きして日本を好きになったけど、やはり日本人の知り合いをつくってみたい、もう一歩深く知りたい、そういう人たちが多いですよね。一方で、日本留学を経験した後に現在は台湾で社会人になっている人や、大学をはじめとする教育界で活躍する先生方が、日本との関わりを大切に考えていて入会しています。

渡邉　日本と台湾を民間交流の形でつないでいきたい人たちが、もっとも心配しているのは日台のつながりが消えてしまうことです。たとえば李登輝総統という素晴らしい人物も当然のごとく高齢になり、その後継者となる人が事実上いない。台湾側にも確かにお弟子さんたちはいても、李登輝総統のようにカリスマ性や政治力をもった人はいないわけです。日本側に関しても台湾をつないできた人たち、断交の歴史をもっている人たち、台湾が同じ日本であり、同じ国民であった時代を共有してきた人たちはもういなくなりつつあります。断交40年を超えると、たとえば20代だった人が60歳の還暦を迎えることになり、それを心配している台湾側と日本側の政治・経済両面の関係者が多数います。
それが震災によってお互いに手をもう一度つなぎ合えたことを喜んでいる人たちは両国に多数いるんです。李登輝総統もその典型でしょうし、両国をずっとつなぎたいと思ってきた人たちは、いまの若い人たちの行動を非常に喜んでいます。そういった方々がご存命のうちに、日台をつないでいかなくてはいけません。

安西　台湾の日本語世代と言われる人たちは80歳以上の方々です。まさに李登輝総統はその筆頭格と言っていいと思います。また、私たちの活動を支援してくださっている団体で「台湾高座会」という会があって、その会長が李雪峰《りせっぽう》さん。李雪峰会長は台湾の民間人としては異例ですが、日本の叙勲を受けています。15～20歳ぐらいのときに戦闘機のエンジンをつくる少年工として日本の軍需工場で働いていた若者で、その後また台湾に帰っていきました。李雪峰会長はもう89歳というご高齢です。台湾高座会は少年工の同窓組織で、会員数は８００名いました。私の交流会には必ず出席してくれて、大変温かい目で見てくださるんです。過日、李雪峰会長をはじめとする高座会の人たちが来日して、「いまわれわれの世代の人たちが少しずつなくなりつつある。そうした時期に、このような会があるのはとてもうれしいことだ。日本と台湾の間を頼むぞ」と目を細めておっしゃってくださいました。この会をやっていてよかったなと思った瞬間ですね。

渡邉　親子はうまくいかないけど、祖父と孫はうまくいくとよく言われますが、それに近い構造が台湾でもいま起きているのかなと思います。安西さんの活動を支援しているのは70代、80代以上の人たちで、その年代が20代、30代の若者を支援する形ですよね。日本側においても台湾側においても、それが非常に速い速度で前に進み始めています。

台湾に関しては国交がない特殊条件の下で民間交流という非公式な窓口で、常にいろいろな物事が決められてきました。その方法が悪い意味で言うと、利権になっている側面があることには触れておきたいと思います。お金が絡まないと世の中はどうしてもうまく回りませんから、利権を悪用している人たちがいないとは言いきれません。ただし、年齢的にも世代的にも上のクラスの人たちが、利害関係を除いた形で若者に対して接していることは、端から見ていても理解できます。

安西　私の会は日本では任意団体ですが、つい先日、台湾政府から社団法人の承認をいただきました。台湾側では「日台」ではなく「台」を先にして「台日」交流会です。笑い話ですが、中国語だと「若者」と「弱者」は同じ発音になってしまうんです。そのため、以前レストランを予約したところ、店の前に予約名の電光掲示板があって、そこに「日台弱者交流会」って名前が入っていたんです。台湾で若者を言うときは「青年」です。青年と言うと日本ではちょっと男っぽすぎるので、あえてコンセプトは変えずに、「若者」を取って台湾語で「台日交流会」という名称にし、社団法人の承認を得ました。２０１５年の2月に台日交流会の結成大会を開きますよ。

渡邉　断交するまでは、いまの六本木の中国大使館が台湾の大使館だったんですよね。そこを追われる形になって白金に台湾の「交流処」「代表処」ができました。「台北駐日経済文化代表処」と称していますが、あくまでも公であって公でないという立場となっています。日本側の「公益財団法人交流協会」には経済産業省やさまざまな役所からの出向者がいて、台湾側は「亜東関係協会」が事実上の外交窓口として外務省業務にあたるものを行っています。たぶん、あまり知られていないのではないでしょうか。

安西　非常にややこしいですね。

渡邉　台湾はビザが不要ですが、就労ビザを取るんだったら代表処ですか？

安西　日本人が就労ビザを取る場合は代表処です。台湾人の場合は台北にある交流協会に行って申請します。まず申請書を出して内政部などの面接があった上で最終的に承認されることになります。正式な国交がなくても代表処や交流協会などの組織が機能して、交流を促進してくれるんです。

渡邉　公ではないという名目だけに、後々の震災時の献花問題につながっていきます。東日本大震災１周年追悼式で、日本政府は約１６０の国と国際機関の代表に会場１階の来賓席を用意したんですが、台湾代表として出席した台北駐日経済文化代表処の羅坤燦《らこんさん》副代表を民間機関代表と位置づけ、２階の企業関係者などの一般席に案内して指名献花から外したんです。

超党派の日華議員懇談会の平沼赳夫会長は、後に台北市内で王金平立法院長と会談して「台湾から義援金を２００億円もいただいたのに大変無礼なことをした」などと述べて謝罪し、王氏は理解を示したそうです。日本のパスポートは非常に不思議で、基本的に北朝鮮を除くすべての国や地域に行けることになっています。台湾には国交がなくても行けるんですよ。ですから台湾は地域という解釈です。

安西　いまのパスポートは「中華民国」ですからね。

渡邉　おさらいとして簡単な歴史の経緯を説明しておきましょう。もともと、中国本土を支配していたのが中華民国。それがいまの中国共産党との戦いに敗れ、都落ちする形で台湾の島に文民と故宮の主だった宝物をもって、料理人も連れてわたっていきました。その結果、台湾に中華民国が建国されました。

それに対して大陸本土は、中国共産党がつくる中華人民共和国という国家が設立されることになりました。中華民国としては大陸を含む正統な支配者はわれわれであるという立場を、いまだに崩していません。ただし１９９２年の李登輝総統による「二つの中国」宣言と台湾省廃止を、国際社会は一つの独立宣言として評価する場合が多いのです。日中国交正常化と表裏一体で日台断交が行われ、その際に先ほど言った六本木の中国大使館が中華民国から中国共産党の中華人民共和国に引きわたされることになりました。日本が中国本土を正統な支配者であることを認めたのが日中共同声明であり、日中国交正常化です。この時点で日本側は、台湾政府である中国国民党および中華民国の正統性を抹消しました。

安西　国連の常任理事国にしても当時は中華民国であったのが、1972年から中華人民共和国に変わったわけですよね。考えてみれば不思議な話です。

渡邉　一部の人がよく「第三国」という表現を使いますよね。まぁ石原慎太郎さんなどはよく使います。「第三国」とは、いわゆる戦勝国ではないという意味合いなんですよ。朝鮮半島も日本の一部であったし、台湾も日本の一部でしたから、台湾の人たちは「われわれは昔、日本人だったんだよ」とよく言うんですよ。李登輝総統もおっしゃっています。彼らは日本人でしたし、敗戦国の国民だったわけですよ。戦争が終わった時点では、中国国民党は確かに日本軍に勝ったけれども、中国共産党は日本に勝っていません。ですから支那という地域を第三国と呼び、また、三国人という言葉が使われているんですね。敗戦国民でも戦勝国民でもない。当事者ではないという意味で「第三国」なんです。

安西　国民党とは戦争しましたね。

渡邉　ええ。中国本土に残った日本人に対して蔣介石が「恨みに報いるに徳をもってする」という言葉で、すべての日本人を帰国させました。日本政府のなかにはいまだにそのことを感謝している政治家が多数いますが、気をつけなくてはいけないのは台中、台南に行くと蔣介石を嫌う人たちもたくさんいることです。

台湾の若者は日本よりも韓国が好き!?

安西　外省人、本省人という枠はどんどん薄くなっていると思います。あえてその話をしても当人たちや周りにその意識がないのが素直なところだと思います。本省人と外省人が混じり合ってきているのが事実でしょう。若い人たちの雰囲気そのものは、日本人の若者とあまり変わらないと思います。あえて付け加えるのであれば、概ね親日的な若者が多いんですが、同時に韓国文化が好きでK-POPが非常に流行っています。たとえばミュージシャンにしても日本の音楽は私の見ている限り、やや韓国に押されているなぁと感じますね。日本人としては台湾の人たちがずっと同じ状態ではないことを感じとるべきだと思います。ただし、もともとあった親日的な背景はまだまだ根強いので、やはり日本に向ける台湾の人たちの熱視線をより一層意識し、大切な絆をつくることが重要です。

渡邉　店頭に置いてあるブランドや商品、マーケットを見るとほとんど日本と変わらないですよね。デニーズ、スガキヤをはじめ、コンビニがあって、日本の居酒屋ワタミがあって、外食産業で地元資本以外のものはほぼ日本なんですよ。

安西　いま牛丼のすき家に行列ができていますよ。

渡邉　タレントに関しては、韓流が一時期ブームにはなりましたけども、それほど強くはないと私は見ています。台湾に行くとおもしろいのは、日本のテレビではあまり見かけなくなった有名な演歌歌手が公演しているんですよね。

安西　とんでもない大フィーバーですよ。メロディーが台湾音楽に似ている部分もあって、台湾の歌手が演歌をカバーすることも多いんです。

渡邉　北島三郎、小林幸子、五木ひろし、布施明とか細川たかしとか大物たちです。

安西　大きなポスターが貼られているんですよ。それに、タクシーに乗ると演歌がしょっちゅう聞こえてきます。運転手さんたちがずいぶん聴いているんですね。

渡邉　演歌歌手の営業といえば温泉場というイメージがあったのですが、今は台湾ですか。

安西　日本とはちょっと違うマーケットですよね。韓国に押されている側面もありますが、台湾の若者は日本のアーティストのこともよく知っています。福山雅治さんは２０１４年に台湾の親善大使に任命されて台湾でライブ公演し、大フィーバーでした。２０１３年の紅白歌合戦でも福山さんは台湾との中継ライブを行って、それが生放送で流れました。

渡邉　あとニコニコ動画が台湾で流れていますね。日本のテレビに出ているだけで現地に行くと大スターなんですよ。一般的にインターネットの普及度は日本以上ですし。中国本土と違ってチェックする機関がないので、アダルトビデオも事実上黙認されています。

台湾の選挙はお祭り騒ぎ

渡邉　新高山に登るときにガイドをつけた話がありましたが、中部の山岳地帯の仁愛郷と言われる地域は少数民族の先住民の居住区ですね。山の上で人があまり住まない地域なものですから、もともと外省人も本省人も住んでいなかったんです。選挙のときも先住民枠というのがあって別枠なんですよ。比例代表もあって一定数ですけど、わずかですけど票が入る仕組みになっています。

安西　あっ、そうなんですか。一人か二人は国会に送ろうというわけですね。

渡邉　もともと台湾は台湾人の先住民の国で、日本で言うところの高砂族の地域ですから。先住民枠がないと、彼らの意見がまったく反映されないままになってしまいます。

安西　先住民の数は大変多いですからね。それこそ50近い部族がいると言われています。

渡邉　山地先住民と川地先住民と言いますか、山と海の2種類ですね。昔と違って首狩りの儀式は残っていませんので、ご安心ください（笑）。台湾で一番盛り上がるのが選挙シーズンですよ。観光で行くときも選挙時期をお勧めします。法的な制限がないのでビルの壁一面が候補者の顔写真に変わったり、歩道橋が候補者の旗でぜんぶ埋まったりします。台湾の選挙は日本と違って一個70円ぐらいまでのものを配ってもいいのです。ですから、名前が入っているノベルティを街で配っています。

4年に一度の総統選挙は、1月の旧正月前あたりまで行われます。そして、総統選の間の12月頃に統一地方選挙が行われるのですね。選挙シーズンは街を歩いているだけでも候補者の顔写真が付いた豆とかお菓子などをくれるんですよ。総統選は旧正月前なので、私は赤い正月のお飾りとか米をもらいました。ガムももらいました。私は日本人だと言っても、「いいよ、もっていけ」と完全にお祭り状態。選挙権ないんですけどね（笑）。

安西　顔写真が刷り込まれているんですか？

渡邉　たとえばベビースターラーメンのようなお菓子で、ベビースターのマークのところが候補者の顔になっていたり、番号が大きく印刷されていたり（笑）。

安西　わざわざつくっているんですね。

渡邉　台湾の選挙は番号投票です。番号がついていていてハンコを押すんです。ですから立候補者の名前ではなく「1番、1番、1番！」というふうに番号を連呼するんです。字が書けない人にも対応できるようにハンコを押す形式です。

安西　政治に対しては日本よりも関心があると思いますね。選挙はいつも熱くなります。

渡邉　国民党の独裁政権下においては、参政権が認められていませんでした。日本人の場合は一定年齢に達すれば選挙権、被選挙権をもてますが、台湾の人たちは一党独裁下で普通選挙権がありませんでした。参政権が認められてからの歴史が短いですから、より一層選挙に対する思い入れが強いのでしょう。台湾の人たちに言わせると、選挙をお祭りの一種と捉えている人たちが多くて、昔の選挙はもっと派手で楽しかったけど、最近は年々おもしろくなくなったと言いますね。

安西　1990年代ぐらいの話ですよね。

渡邉　李登輝総統のときの一般普通選挙解禁時はものすごかったようです。贈収賄は当たり前だったと聞きます。いまは選挙違反ですが、日本でも田舎に行くと千円札をおにぎりに握り込んだり、選挙事務所に来た人にタダ飯食べさせて酒飲ませて、といったことが当たり前だった時代もありました。しかし現在も台湾では、法律で定められた金額までは配ることができます。

2012年の総統選の巨大広告。この選挙では国民党の番号は抽選で2番となった。

安西　1980年代まで戒厳令があったので、集会一つとっても大変な問題になっていました。一定数が集まって集会を開いただけで逮捕されるんです。そうした点が解放されただけでも自由の素晴らしさが爆発する選挙になるんでしょうね。

渡邉　与えられていなかった人たちが与えられたことによって、自由を謳歌する幅が大きく広がるんですね。

安西　伸び幅が大きいということですかね。若者も日本と比べて政治に対して関心が強いという印象を受けます。その最たるものがこの前の学生の運動だったと思います。

渡邉　2014年の3月でしたね。立法院で台中間のサービス分野の市場開放を目指す「サービス貿易協定」の批准に向けた審議を行っていて、与野党が対立して言い合いになったのです。与党・中国国民党の立法委員が野党に占拠された講壇に上がることさえできず、時間切れを理由に一方的に審議を打ち切ったので反発が広がりました。

安西　それでサービス貿易協定に反対するデモが行われ、300名を超える学生のデモ参加者が立法院議場内に進入した事件ですね。立法院の外でも学生たちを支持する市民が数千から数万人も集まってデモを開いています。抗議活動には学生や市民のほか、台湾最大野党の民主進歩党も学生と歩調を合わせ、抗議活動を拡大させました。民衆によって議場が占拠されたのは、台湾の憲政史上初めてでしょう。

世代間で意識が異なる反日教育の実態

安西　台湾の反日教育については年代別に捉え方が違っています。いまの若い世代は反日意識がないんです。李登輝政権のときに「認識台湾」という教科書をつくって台湾人としてのアイデンティティをメッセージとして送る教育に切り替えました。年齢的に言うと50〜70代ぐらいの年齢には親日的な人が少ないと言われています。私の会にもすごく年配の人と若い人がいますが、その中間層は少し人数が減るんです。私の会にコミットメントしてきませんから、結果として、その年代層は反日的な意識があるのかなと思います。

渡邉　国民党が一党独裁で統治する際、前統治者である日本を悪者にしないと自らの政権を正統化できない時期がありました。戦後の日本では「アメリカは悪くない」と教育するGHQの「ウォー・ギルト・インフォメーション・プログラム」が行われました。それと同じように「日本が悪い」という反日教育が台湾でも行われたわけです。ただアメリカが日本で行ったほど厳しくなかったのと、国民党政権になって台湾が貧しくなっていったものですから、反日教育によって日本を表立って悪く言う人もいなかったし、日本統治時代のほうが良かったと思う日本語世代もいました。いまは統治時代に暮らしたお爺ちゃん、そして反日教育を受けた世代、まったく知らない孫の世代が存在しています。

ただし日本をよく知るようになった人たちには、国民党が当時教えていた反日教育は嘘である、と気づいた人も多くいます。これは朝日新聞報道の嘘に気がついた人たちと同じで、なかなかそれを認めるわけにはいかないのです。自分たちが信じていたものを完全に否定すると、ある種の自己否定につながりますから、それを認めない人たちもいます。それが反日と言われる人たちの本音ではないでしょうか。

反日教育を受けた人たちのなかには、「とにかく日本が悪い」という見方を根底に植え付けられた人たちがいるのも事実です。日本で言う一種の朝日新聞シンパシーみたいなものとして台湾に残っていて、事実が違うことに気づいていながらも心の底では認めるのが悔しいのだ、と私は解釈しています。

安西　反日にも親日にも少し離れている世代が存在するのも事実ですね。

渡邉　その人たちにしろ、ビジネスとなると日本と大陸に深く関わっています。日本人がよく誤解されるところですが、李登輝総統を中心とした日本に対するシンパシーが、良くも悪くも台湾から日本を見る目を偏らせているし、日本が台湾を見る目も大きく偏らせている部分があります。反日的な人もいるし、ビジネスライクな人もいる。留学生の数を見ても、過去のトップエリートたちは全員日本の大学に通って、日本の教育を受けていた時代がありました。

安西　いまは6割近くがアメリカへ留学していますね。

渡邉　台湾のトップエリートたちはアメリカを見ながら日本を見据えているのも一つの事実で、台湾の人たちは日本だけを見ているわけではないんです。実際問題、大陸との関係では、商売と大陸の好き嫌いとは大きく違う部分があります。やはり大陸を利用してビジネスをしている人たちにとって中国の存在は捨て切れませんし、非常に大きな存在でもあります。

マーケットを見た場合も日本以上のマーケットがあります。なぜかと言うと、台湾人の言語は基本的に中国語です。中国語圏であるがゆえに、ビジネス上でのプラットフォームが日本より大陸のほうが向いているんですよね。その部分もあるので、大陸の好き嫌いと商売上の好き嫌いを誤解してはいけないと思います。

変わる中国と台湾の関係性

安西　台湾の人は中国とどう向き合っているんですか?

渡邉　現実的に中国と向き合わざるを得ないものがあります。そのことを非常によく意識しているのが台湾であり、極めて現実的な点を重視している国民であると思いますね。第一に、皆が同じ方向を向いているわけではない。決して一色ではないということです。台湾は一つと言い切れないものがあり、現地に行くとその複雑性が非常によく分かります。そして中国本土に対しては経済の点で捨て切れません。

いま馬英九総統の支持率が低いとはいえ、2選を果たしていることからもよく分かるのではないでしょうか。なぜならその前の民進党政権で、本土との関係は経済面でも一切なくす政策を打ち出した結果、台湾経済が非常に冷え込んでしまいました。結局、台湾の人々は民進党の政策に「ノー」と言ったことが馬英九政権誕生のきっかけになったと思います。

安西　民進党の陳水扁総統政権時代から国民党の馬英九政権になってから、台湾と中国の関係が変わったと話す台湾人は多くいます。李登輝元総統も日本にとっては素晴らしい実績を残していますし、日本との交流に関して多大な尽力をされていますが、李登輝元総統をよく思っていない人たちも多数いることも事実です。こうした事実をフラットに語らないと、台湾に対する誤った見方が生まれてしまいます。

渡邉　李登輝総統のように、本省人だから外省人だからと区分けする考え方はダメと決めつけるのではなく、安西さんが言うようにいまの台湾では本省人と外省人はもっとまだらに交じり合っていますよ。ビジネス上はどうしても中国本土をマーケットにしなくてはいけないと言う本省人もいれば、外省人のなかには「われわれは漢民族であって母国は広い大陸だ」

と本心から思っている人たちもいます。それが台湾の複雑性です。数百年前に台湾にたどり着いた人でも「本土がわれわれのルーツである」と深く信じているのも一つの事実です。

安西　台湾の世論調査でもそうした傾向が色濃く出ています。独立も中国との統一も望まずに、現状維持を望むという割合が大変多いんですよ。経済的には中国との関係が必要だが、政治的には距離を置きたい。非常に現実的な人たちだなとも思うわけです。日本人から見れば独立を選ぶべきなのかなと思いがちですが、台湾の人たちのなかには必ずしも独立すべきではない、という空気があります。そのことをわれわれも認識しなければなりません。

ビジネスの点では、台湾は大陸に入るために非常に良い入口になっていると思います。それは台湾人と中国人は出自も含めた相性の良さがあるでしょうし、本省人、外省人を問わず商売のうまさ、センスの良さがありますね。やはり「利」とは何かがちゃんと分かっている民族だと思います。その点でも現実的な面がある人たちでしょう。

渡邉　台湾のグローバル企業といわゆるファウンドリー（半導体受託製造）産業ですが、大陸の安価な人件費、労働力を利用して日本や欧米向けの受託生産を行っています。台湾にとってもチャイナリスクの存在は大きく、世界的な企業である「フォックスコン（鴻海）」なども大陸での生産を控えて、北米や南米に工場をどんどんつくって現地生産に移行しつつあります。

安西　その通りですね。台湾の人もチャイナリスクを考えていると思いますよ。先日、南シナ海域で中国が石油採掘装置を設置したことから、ベトナムで抗議運動が激化して中国企業を狙った破壊行為が多発しましたね。ところが中国以外の外国企業も甚大な被害を被って社員を帰国させる事態になりました。あのとき台湾の工場まで壊されてしまい、台湾の人もチャイナリスクを憂慮するようになりました。ベトナム工場では、「私は台湾人です」「台湾から来ました」と記した貼り紙が貼られました。

渡邉　ただ何でしょう。ひと口に台湾人と言っても、グローバル企業の多くは、実は台湾人でない客家を中心として国際的なビジネスネットワークで動いています。民進党の蔡英文《さいえいぶん》さんがその典型で、実は彼女は客家であって本省人でも外省人でもないんです。台湾のネットワークのなかで国際的な経済を握っているのは客家の人たち、いわゆる華僑と言われる人たちで、日本でも華商総会が強い力をもっています。ここに対する台湾の保守的な人たちの反発が国内に存在することも事実で、非常に複雑怪奇、日本のように簡単に説明できるものではありませんね。

安西　確かに台湾事情は複雑怪奇ですね。それこそ地下鉄に乗ると、おもしろいことに4カ国語で音声案内が行われるんです。中国語、台湾語、もう一つが客家語、それと英語。ひと駅案内するだけでも四つの言葉でアナウンスされる。そうした日常のなかに複雑怪奇であるポイントが見てとれます。

渡邉　新竹を中心とした居住地域に客家が多数住んでいますね。他にも客家の集落が多数あります。

安西　日本企業が中国本土に進出する場合は、台湾に一回入って上海に行き、それから北京に行って香港に行きます。日中台で考えないと、いまのままだとなかなかうまくいきません。

渡邉　日本の外食産業などが典型ですが、中国本土進出を狙う際には、台湾が非常に重要な中間地点になっているのは事実です。台湾を中国本土との間に挟み込んでおけばビジネスをしやすくなります。

安西　台湾の日本人会は現地で力をもっていますから、日本語ができるというだけで観光においても何においても優遇される部分が多々ありますね。観光面でも日本人はいいお客さんですよね。日本の観光地でも一部問題になっていますが、中国本土の人たちが来ると文化の違いと言ってしまえばそれまでですが、いろいろ問題があるわけです。香港でも台湾でも本土の人たちのマナーが問題になっています。だから台湾の観光協会は日本の観光客が望ましいと考えているんです。台湾としては日本の

いまだ発展し続ける台北の地下鉄「MRT」。2014年11月15日、新たに松山線が開通した。

パワーが欲しいんですけど、変えるためには日本のものがどんどん入っていかないと難しいでしょう。

渡邉　尖閣諸島の漁業協定で日中台が争いましたが、日台は話し合いでうまく収まりました。中国の言い分は、台湾のものは中国のものという言い分だったんです。台湾と日本が共同漁業権を設定してしまうと中国は口出しする隙間がなくなります。台湾は共同漁業権によって中国は手出ししにくくなった。そして日本側は巡視艇が足らない台湾に対して、巡視艇を提供することにしたのですね。

安西　聞いてみると、同じ漁場でも日本と台湾では網の入れ方が違うらしいんです。日本は網を縦に入れ、台湾は横に入れるそうです。同じ漁場で同時に漁具を入れると絡み合って調整しなければいけません。それで揉めたらしいですよ。この日台の漁業協定が決着するまで17年もかかったそうです。日台間の交渉でずっと最後まで残っていた懸案事項でしたが、無事に交渉がまとまって前の亜東関係協会の廖了以《りょうりょうい》会長の置き土産になりました。廖会長のお母様が日本人です。会長自身、体調が悪いので引退したいと依頼していたんですが、ずっと慰留されていました。ただ辞めるにあたって最後に何かを残したいということで漁業協定の解決に尽力したと言われています。ひと昔前は台湾も日本でしたから、日本人のお母さん、お父さんを持つ台湾の人たちも多数いて「お互いに日本人なんだから」という考え方がいまも機能している側面もありますね。

渡邉　戦後帰国しなかった日本人も多数いて、例の金門島のときに戦った根本博陸軍中将が非常に有名ですね。終戦後もなお侵攻を止めないソ連軍の攻撃から、蒙古聯合自治政府内の張家口付近に滞在する邦人４万人を救った人です。復員後の１９４９年、台湾にわたり、金門島での戦いを指揮して中国人民解放軍を撃破しました。中国共産党政府は台湾を奪取して統一することを断念せざるを得なくなり、今日に至る台湾の存立が決定的になったわけです。

安西　そういった形で台湾にわたった日本人もたくさんいるでしょうね。

渡邉　日台断交のときに、わざわざ日本の右翼団体が台湾まで行って「何で台湾と離別するんだ」と日本の使節に撤回を迫った騒動もありました。ただ日本人が一番根底で理解しなくてはいけないのは、台湾や朝鮮半島の人たちは日本人だったということです。統治下や併合下において彼らは日本人でした。その歴史をもっている人たちが日本語世代でしょう。その人たちの多くは「戦争までは日本人だったよ」と言います。日本人はその意識をあまりにももっていません。その点に尽きます。

朝鮮半島と台湾とは大きな違いがあります。台湾は日清戦争の戦勝品として清から割譲された形で日本になりました。朝鮮半島は朝鮮の王様が日本に併合を求めたわけですから、大きな違いが存在するわけです。日本が台湾を侵略したわけではなく、大陸との戦いの勝利の結果として得たものが台湾です。清にとって台湾はどうでもよい島だったので、割譲によって手に入れたというのが事実。この歴史をもう少し日本人は知るべきだと思います。

安西　台湾は漢民族が支配していたわけではなく多民族でしたからね。

渡邉　そうです。多民族支配の島でしたから。烏山頭ダムができるまでは非常に貧しい国で、高い山と少ない平地で農業生産に適さず水もない土地でしたから、人が住んで文化的な生活をするにはあまり適した環境ではありませんでした。貧しい島だから中国の清側は割譲したんですね。

自分の目で見て耳で聞くのが大切

安西　台湾に一度行ってみると、海外じゃないような気持ちを覚えます。それをぜひ味わっていただきたいですね。そして台湾の人たちと触れ合う時間を感じてもらいたい。

渡邉　できれば街を歩いていただきたいですね。海外にしては基本的に安全な国で交通網も発達しています。多くの場合、観光バスに乗って駆け足で巡り、本当に見なくてはいけないものを見ずにという通り一遍の観光になりがちです。けれども、たとえば総統府も日時が限定されていますが、一般人の観光も可能です。観光ツアーで行くと表面だけさっと見て「はい、終わり」になってしまいますが、内部も見られますし、食堂も使えます。

安西　アイスモンスターという行列ができるスイーツの店に行きましたけど、そこは220元ぐらいでした。人気店なので最低注文価格があるんです。おいしいですが、ちょっと上から目線の店でした。

渡邉　ちょっと高いですね。普通のラーメン屋さんは50元ぐらいの値段です。町中の店で魯肉飯とか麺線とか駅弁を食べるといいですよ。台鉄弁当を模した駅弁屋があるので、日本でいうほかほか弁当感覚で食べられます。こういう言い方をするとヨーロッパの人には失礼になりますが、ヨーロッパに行った後に台湾に行くと、台湾というのは何と味のバラエティが多い国かと思います。

アイスモンスターで大人気のマンゴーかき氷。世界10大デザートにも選ばれている。【所】台北市忠孝東路四段297号【交】MRT国父紀年館駅から徒歩3分【営】10:30～23:30【休】無休

安西　確かにそうですね。現地の人たちは中国から入ってくる食べ物は怖いせいか、食品の産地をとても気にしています。とくに先日、下水油を使った問題があって、結構うるさくなっています。日本よりも中国からの食材が入りやすいですからね。屋台も全部改修して衛生管理が厳しくなったようです。「春水堂」という店は品質に

こだわるカフェとして有名で、タピオカミルクティーやケーキが旨いのですが、本土の油を使っていたのが発覚して「春水堂、お前もかっ」というスキャンダルになりました。先ほども言いましたが、中国からの観光客のマナーが悪く、トイレの使い方も汚いので大きな問題になっています。

渡邉　そうした問題を除いても、街を歩けば歴史的な建造物や遺跡などを見ることができます。台北市は観光スポットや観光資源の整備に非常に力を入れていますから、記念になるようなものには必ず看板や指標をつけています。ほとんどのものが日本語で表示していますから困ることはないでしょう。日本でもいま路線バスの旅が流行っていますが、世界のなかでもその感覚が味わえる数少ない街が台北だと思います。台北市内には総統府や台湾銀行跡など日本統治下につくられた建物がいまもそのまま残っていて、その傍らには日本語の看板が多数残っています。台湾銀行は当時、台湾円を発行していた銀行です。いま台湾の通貨はニユータイワンドル、あるいは元とも言いますが、その語源は「円」です。こうした歴史に思いをはせ、老若男女、年齢を問わずに、さまざまな楽しみ方を気軽にできるのが台北の魅力ですね。

安西　実際に日本人の観光客も増えています。とくに女性が増えていますよ。

渡邉　卒業旅行のシーズンは女の子の一人旅やグループ旅行が増えましたね。やはり街が安全というイメージが強くて、スイーツや屋台のちょこちょこっとした料理がおいしいのが魅力です。台湾に行くと1日1キロは太ると言われるほどですから、1人前を一人で食べるのではなくて、3人とか5人で二つぐらい料理を頼むことをお勧めします。

安西直紀からのメッセージ

もしこの本を手に取ってまだ台湾に行かれていない方は、ぜひとも一度台湾に行ってみてください。6年前、初めて台湾を訪れるまで、私にとって台湾は他の国々と変わらない「普通の国」に過ぎませんでした。しかし、一度行ってみてその印象はガラリと変わりました。日本人に対してのやさしさが、他の国と比べて群を抜いていたのです。海外ではないような、安心感と居心地の良さを感じました。その理由は、台湾人のおおらかな人柄にあるのではないかと私は思います。

私は、日本にとって台湾は「特別な国」であると思います。日台関係は現在非常に良好であり、今年の日台双方の往来者数は400万人に迫る勢いです。

対談にも登場した921大地震と東日本大震災のエピソードを経て、互いの距離もさらに近くなりました。日本と台湾の関係はさらに緊密に、そして強い絆で結ばれることができるはずです。ぜひ皆さんも一度、台湾に足を運んでみてください。きっと台湾のことが大好きになりますよ！

第3章

台湾の最先端情報を行く

～ショッピング、流行、食べ物～

哈日杏子 vs. 渡邉哲也対談

●哈日杏子（ハーリー シンズ）プロフィール
6月5日、台北生まれ。幼少時より漫画家、小説家を志望し、中学生から投稿し始めたのをきっかけに、4コマ漫画「阿杏」でデビュー。1996年、4コマ漫画集「早安日本」のなかで「哈日症（ハーリー症＝日本が大好き病）」の言葉を創作し、台湾全土に広めた。訪日歴は70回以上、日本滞在のべ日数は約1800日に及ぶ。特に日本の「カワイイ」に目がなく、「リカチャン」「ジェニー着せ替え人形」と「ペコちゃん」には日本の玩具文化の真髄があると、常に注目している。不定期に雑誌やサイトで記事を発表。日本の観光、日本語の婉曲表現、敬語など独特の魅力や、和菓子などのグルメ文化を筆頭に興味をもつ分野は幅広い。2010年4月から「福岡達人旅行団」団長に任命され、「アジアンビート」サイトで福岡の情報コラムの連載を始める（全50回）。2014年1月から「2014年福岡達人旅行団」新連載スタート（全10回）
【サイト】http://asianbeat.com/ct/fukuokatravel/
2011年7月高雄市政府が主催した「背包客日記」に入選。2011年11月 映画「トースト」主催の「トースト創作料理コンクール」優勝。2010年11月30日に高知県の観光特使になった。2014年12月現在、著作は全34冊（内27冊が台湾での出版。「我得了哈日症」、「東京好好玩」、「公仔出沒注意」、「一日乗車券、万歳！」など日本のガイドブックを中心に）。日本では『ニッポン中毒』『爆烈台北』『哈日杏子のこだわり台湾案内』『GO！GO！台北』『GO！GO！台湾食堂』『GO！GO！高雄』『GO！GO！台北なう』の7冊。翻訳作品6冊。
【ハーリー杏子のウィキペディア】
http://ja.wikipedia.org/wiki/哈日杏子
【ハーリー杏子の著書紹介】
http://harikyoko.wordpress.com/books/
【ハーリー杏子のBlog】
http://harikyoko.wordpress.com
【ハーリー杏子のFacebook】
https://www.facebook.com/harikyoko

台湾を席巻していく「哈日」現象

渡邉　台湾で親日グループとか日本が大好きな子のグループを「哈日族《ハーリー》」と呼ぶんですか？

杏子　そうです。日本が大好きな人たちです。哈日という言葉は私がつくりました。台湾で話されている北京語にはもともとなかった言葉で、1996年に出版した4コママンガ『早安日本（おはよう日本）』のなかで初めて使って、自分のペンネームにも使っているんですよ。「日本が好き」とか「日本のことが好きでたまらない」を哈日という言葉で表しています。

渡邉　杏子さんが日本人とのハーフという意味ではないんですね。

杏子　「哈日」の後に、さらに「症」という字を加えました。私にとって「哈日症」は治療の施しようがない末期症状です。

渡邉　日本大好き病なんですか。「哈日症」は、どのように台湾の人々に広まっていったんですか？

杏子　当時、テレビの人気ブックレビュー番組に出演する機会があり、その番組の司会者が、私の4コママンガの『おはよう日本』に出てくる「哈日症」を有名にしました。その後、台湾のメディアでは、日本が好きで「哈日症」になった人々を「哈日族」と呼ぶようになったんです。

渡邉　台湾に「哈日族」がずいぶん増えているようですね。

杏子　「哈日族」という言葉は台湾語・北京語・日本語の３つの言葉に縁があります。台湾人にとっては「哈日族」という言語を見ただけで意味がわかるので、まさに一目瞭然の言葉ですよ（笑）。「哈」は台湾語で「ハー」と発音します。「日」は日本ですね。「私は日本が好き」とフルで言うと長くなるじゃないですか。だからもっと簡単な言い方があればいいんじゃないかなと思って、台湾語と日本語をミックスした単語を考えました。

私が主催している「GO! GO! JAPAN! 交流会」には台湾中から哈日族が集まっています。その数なんと17000人です！

渡邉　日本を好きになったきっかけは、何だったんですか？

杏子　私はいまだに日本留学という長年の夢をかなえていないんです。22歳のときに初めて旅行で日本を訪れましたが、実際の日本を目の当たりにしてから「哈日症」になってしまいました。マンガだけでなく日本語、和食、和服、日本の風景、伝統芸能、古い建築物など、どれも興味をそそるものばかりです。

渡邉　すでに70回以上も来日しているんですね。

杏子　はい。来日するたびに1回あたりの滞在期間が長くなりました。最初の頃は数日ぐらいの滞在でしたけど、いつの間にか数カ月に及ぶようになって、いまではビザ期限の最後の1日まで滞在しています。

渡邉　4コママンガの主人公は、もちろん「哈日症」ですね？

杏子　重度の「哈日症」です。私が日本に初めて降り立ったときのことや、日本で短期研修を行った際に感じたさまざまなことを4コママンガに描きました。この主人公は私自身の分身です。

渡邉　台湾ではさまざまなメディアに取り上げられたようですね。

杏子　2000年が「哈日」のピークでしたね。日本のメディアも取材のために次々に台湾に来ましたよ。私の日本への熱い想いは募るばかりで、2001年に幸運にも日本で1冊目の日本語エッセー『哈日杏子のニッポン中毒』（小学館）を出版することができました。以降は作家としても日本で活動を始めました。

渡邉　杏子さんが「哈日」現象の火付け役なんですね。

杏子　ええ。台湾に戻るたびに、またすぐに日本に行きたくなります。

渡邉　いま台湾のマンガ事情はどうなんですか。

杏子　マンガを発表する雑誌とか媒体は少ないので、日本のマンガをそのまま売っています。マンガ家たちはほとんど生活できません。私も最初はマンガ家でデビューしたけど、生活ができないからエッセーを書き始めてやっと仕事になりました。私のマンガ家の友だちはCGを描いたり、マンガ教室の先生をしたりしながらマンガを描いている人が多いです。そうしないと生活できません。

渡邉　台湾の出版マーケットって日本の10分の1ぐらいしかないですからね。

杏子　しかも、マンガは悪いものだと思われています。いまもそうですよ。台湾ではずっと昔からマンガを読むのは良くない、勉強しなさいと言われました。

渡邉　たぶんそれは戦前から新聞にずっと4コママンガが掲載されているからでしょう。

杏子　台湾は4コマではなくひとコマママンガです。

渡邉　風刺漫画みたいなものですね。日本も30～40年前は「マンガを読むとバカになる」と言われていましたよ。さすがに時代は変わってマンガは世間的に文化として認められていますね。「マンガで教える日本史」とか「マンガで教える世界史」などのマンガシリーズがでてきたあたりから、何も言われなくなりましたね。

杏子　自分のお小遣いでマンガを買うんですけど、親は反対します。時間があればもっと勉強しなさいと言われます。テレビでもアニメを放送していますけど、それに対しては何も言われません。本当は良くないんでしょうけど、子供はアニメを観ているほうが大人しくしているから、親としてはしようがなく黙っているんでしょう。

渡邉　杏子さんが感動した日本のアニメは何ですか？

杏子　アニメで最初に印象に残ったのが、「ドラえもん」と「天才バカボン」かな。弟と一緒に観たんですけど、まだ子供だからわからなくて、すべて台湾人の作品だと思っていました。

渡邉　台湾のテレビ放送は、画面の下に必ず漢字の字幕が出るんですよね。吹き替えで中国語でしゃべっているものにも字幕が出る仕組みになっている。

杏子　すべての番組に字幕が付きます。日本語の番組専用チャンネルだと日本語のまま放送している番組もあります。画面の下に字幕があるだけ。何年か前からそうですね。

渡邉　法律で北京語と現地語との絡みがあって、台湾語でしゃべっていても北京語というか中国語の字幕を付けていますね。そういう文化があるから、日本語のまま字幕を付けて番組を流す方式を受け入れやすい環境があったのではないかと思います。

「哈日」になったのには理由がある

渡邉　１８９５年から１９４５年までの50年間、日本は台湾を統治しましたが、台湾各地には、いまでも当時の日本人が建てた建築物や日本人の生活の痕跡などがたくさん残っています。台湾の人たちが日本に抱く感情は複雑でしょうね。

杏子　私のお爺ちゃんは１９１１年生まれで、日本統治時代を経験しました。私が小さい頃は、よく私に日本語で話しかけ、日本の歌を歌ってくれました。冬は決まって腹巻きをして、普段は下駄を履いて、外出するときは必ず紳士帽をかぶって、外見は日本人そのものだったんですよ。

渡邉　国民党が台湾に入っていった初期に、学校では前の政権である日本を否定する反日教育が行われましたね。

杏子　反日教育をしたのは、大陸から蔣介石たちと一緒に台湾に来た軍隊のおじさんたちですよ。昔、戦争で日本が嫌いになって、台湾にやって来て本土に戻れないから仕方なく台湾に住むことになった人たちは、心の中では「日本が嫌いです」というのがあったと思います。本土から台湾に来た人たちは外省人ですけど、以前の台湾では外省人の子供と本省人の子供は結婚しませんでした。二つの家族が絶対喧嘩になっちゃうところがあったんですよ。いまは全然平気になりましたけど。

渡邉　いわゆる国民党が台湾に入ってきたのと同時ですから60～70年ぐらい前ですかねぇ。

その人たちが結婚して、その子供たちが大人になった30～40年ぐらい前にはそういう風潮があったということですね。ところで、台湾で「哈日」が起きた理由を正しく分析するには、台湾の人たちの出自から考えなくてはならないでしょうね。台湾で生まれ育った本省人、中国大陸から国民党軍とともにわたってきた外省人と台湾の先住民に大きく分けられますけど、それぞれ日本への見方は違うのではないですか？

杏子　お爺ちゃんは本省人でしたけど、日本を憎んだことはなかったと思います、逆に日本統治下時代のことをとても懐かしんでいました。私が「哈日族」になって、日本に行くことを伝えると、毎回日本の薬や足袋、腹巻き、お菓子などを送るように頼まれました。小包が届くと喜んで、長々とお礼の電話をしてくるんですよ。

渡邉　お爺ちゃんは日本語も上手だったんですね。

杏子　お爺ちゃんが晩年に病気するまで、私とは日本語でやり取りをしていました。日本はお爺ちゃんにとって消すことができない「過去」だったのではないでしょうか。

渡邉　１９８７年以前の台湾は戒厳令下にありましたから、日本の情報や品物を手に入れるのは大変だったでしょう。

杏子　私は小さい頃から絵を描くのが好きで、将来はマンガ家になろうと思って、日本のマンガに魅力を感じていました。海賊版や個人輸入の闇ルートで手に入れることができました。

そのうち日本の品物はショッピングモールで買えるようになって、街の本屋さんには「ドラえもん」や「ウルトラマン」「おそ松くん」などの日本のマンガがあふれて、節約して貯めたお小遣いを持って西門町に行って日本のアイドルのポスターやブロマイド、海賊版のカセットテープと日本製の雑誌を買って、放課後に見るのが最高の楽しみでした。

誤解され続けていた「哈日族」

渡邉　台湾の人たちは「哈日族」をどのように思ってるんですか？

杏子　以前、台湾のメディアで「哈日族」は「日本のことなら見境なく何でも良い、何でもカワイイと言う」と批判的に報道されたことがありました。日本の表面的な部分しか見ずに、やみくもに日本に追随して無駄遣いをする頭が悪い連中だと言われたこともあります。

渡邉　かなり誤解されていたんですね。

杏子　「哈日」には表面的な部分と内面的な部分があるんですよ。身なりや口調、実際の行動から日本が好きであることを表立ってアピールする人もいれば、日本の企業理念や職人気質などを分析して日本文化に敬服する人もいます。日本人や日本の流行、精神、和食や商品が好きなのは何ら悪いことではありませんし、まして私たちは決して盲目的ではないですよ。

渡邉　杏子さんは表面的なタイプ、それとも内面的なタイプ？

杏子　私の場合は、日本の良くない人物や事柄には初めから興味がありません。本当に憧れていいもの、価値があるものにしか夢中になれないんです。好きだからこそ理解するよう努力して没頭します。

渡邉　正統派の「哈日」ですね。

杏子　かつてある記者に「私がいくら『哈日族』だと訴えても、私の身なりは至って普通で、外見からでは分からないでしょう」と答えたら、残念ながらメディアとして求めていた答えとは違っていたようで、撮影の際、私に「必勝」の二文字を記した白い鉢巻きをさせ、浴衣に下駄を履かせ、「日の丸」の扇子をもたせ、日本の記念品の前に立たせました。その写真が某大手新聞の紙面に掲載されて、それを見たとき私は本当に心が痛みました。なぜなら、本当の「哈日」はそんなこと決してしません。

渡邉　なるほど。正統派の「哈日」にはきちんと行動原理があるんですね。杏子さんの活躍もあって、最近は「哈日」に対する見方が変わってきたんじゃないですか？

杏子　隠れてコソコソしていたのが堂々と「哈日」と言えるようになって、いまでは当たり前になりました。「時差ゼロ」で日本のファッション、書籍、食品、日用品、医薬品、電子機器、本場の日本料理、ラーメンを見たり食べたりできますし、日本の温泉旅館、ホテルサービス、日系のボディーサロンでのエステ、日本のトレンドへアスタイルなど100％純正輸入の日本産が台湾にいながら堪能することができるようになりました。うれしいことですね。あの宝塚歌劇団が2013年に台湾公演を行ったときは、半年前にチケットが完売したんですよ。

渡邉　日本政府観光局によると、台湾から日本を訪れた旅行者数は2009年の約111万人から増え続け、2013年には約235万人、2014年1～5月の累計では119万6493人になりました。1年間に数度訪日する人も少なくないようです。インターネットと情報の発達は台湾と日本の距離をいっそう縮めましたから、日本の情報を入手するのにかつてのような壁はなくなりましたね。

杏子　「哈日族」は、みな日本が好きです。ラーメンであろうが日本の歴史であろうが、温泉であろうが、ゲーム、音楽、伝統文化、建築、和食、あるいは日本の風景、みーんな好きです。

やさしくてフレンドリーな台湾人気質

渡邉　台湾の人から見て、台湾に観光で来る日本人に対してどういう感覚をもっているんですか？

杏子　基本的に台湾人は観光客に対する態度がフレンドリーなんです。日本人に対してだけじゃなく欧米人に対してでも同じですよ。困った人がいるのを見たら「どうしたの？」と自分から声をかけますね。ほとんどの人が親日で、ちょっと年配の人は日本語もしゃべれますし、台湾に観光で来た人が日本語をしゃべっていると「ああ日本人ですね」と話しかけてきて、自分から申し出て親切にあちこち案内します。

渡邉　そうそう。仕事で台湾によく行くんですが、台湾の人は必ず「どこか連れてってあげようか」「これおいしいよ」と話しかけてきます。日本で言うところの「おもてなし」の心ですね。

杏子　フレンドリーで明るいのは台湾人の性格ですね。

渡邉　お客さんを招いて派手にもてなす大陸的なものと、台湾の人たちのフレンドリーなもてなしの心の両方がミックスされているような気がします。

杏子　あっ、台湾人のフレンドリーなもてなしは心から自然に出ている気持ちの表れですけど、大陸はどうかなぁ。大陸は商売的なもてなし方かもしれません。

渡邉　パーティーの開き方とかお酒を注いで回って派手に招く方式自体はすごく大陸的だけど、その形態が台湾のフレンドリーさとミックスされているから、より一層派手になっているんですよ。心から歓迎するところがあるのかなと思います。ところで、ちょっと危険だから観光客は行ってはいけないようなところは台北にありますか？

杏子　ないですね。ただ山のなかとか交通の不便なところは、あまりお勧めできないかもしれません。陽明山の夜景を見に行きたい人はたくさんいますけど、不便なところですから、帰りはやはりタクシーを利用するしかないですよ。

渡邉　もし陽明山に行くなら、タクシーの運転手さんにお金を払って待ってもらえばいいのかな？

杏子　タクシーが待っていてくれるかどうかは分かりませんが、夜の観光スポットは交通の不便なところが多いので、とくに女性は現地の友だちと一緒か、ツアーで行ったほうがいいですね。

渡邉　なるほど。漢字なので意味は分かるんだけど、発音ができないので意思を十分に伝えられないことがあります。

杏子　筆談である程度通じますよ。

渡邉　筆談で通じるんだけど、声を出してタクシーを呼ぶことができないんですよ。

杏子　そうですね。ちょっと発音が難しいでしょうね。

渡邉　もし台湾で迷子になったときは、交番に行けば対応してくれますか？

杏子　はい、何とか対応してくれますよ。先日もネットでちょっと話題になったんですが、ある日本人男性ブロガーが28元しか持っておらず、日本へ帰るお金がないため、台湾の桃園空港に19日間滞在しました。そのことをブログで発表したところ、すぐに注目を集め、最終的に台湾人と台湾に滞在している日本人の力で、やっと日本に帰れたそうです。そういうニュースはよくあるんです。

渡邉　台湾のニュースを見ていると、日本人が困っているから、みんなで助けてあげましょう、募金しましょうとか、テレビでよく流していますね。

杏子　そうそう。台湾人は本当にやさしいです。

渡邉　そのあたりがよその国との違いでしょう。日本人が一番行きやすい外国だと思いますね。

杏子　そうですね。とくに個人旅行の女性は旅しやすい国ですよ。

渡邉　ツアーやパッケージ旅行じゃなくても、フラッと行って何とかなっちゃう。

杏子　地下鉄もあるし、日本のデパートの三越とかそごう、高島屋もあるので、ほとんど日本と変わらないぐらいです。一番売り上げがいいのは太平洋そごう。場所が良くてすごい人気です。

渡邉　台湾で生活する上で何か不自由なところはありますか？

杏子　すごく便利だし物価も安いから生活しやすいですよ。日本から台湾に来て滞在している知り合いのなかには「日本に帰りたくない」と言う人もいます。

渡邉　暖かいし、食べ物もおいしいし。

杏子　のんびりできますよ。

渡邉　うちの妻もよくイギリスをはじめ海外に行きますけど、欧米人から見るとアジア人って見分けがつかないからひとくくりにされますよね。アジア人を区別するとき、静かなのはだいたい日本人、黙々としておっとりしているのが台湾人で、キャンキャンうるさいのが大陸の人というイメージです。大陸の人って比較的個人主義で自己主張が強い人が多いんですけど、台湾の人たちは時間の感覚がゆったりで、おっとりしていますね。話す言葉は中国語だからきつく聞こえるんだけど、台湾人の言葉はゆったり聞こえます。

杏子　声もそんなに高くないし、強くないのでやさしい感じですね。性格も違うかなぁ。台湾人はのんびり。それに対して大陸の人は性格がきついところがあります。

渡邉　そこが大きな違いで、台湾の人か大陸の人かを見分けることができますね。いま大陸の人もかなり日本に来るようになりました。

杏子　大陸はいま観光を開放しているから。しかも観光に来てモノをたくさん買ってくれるからありがたい存在でしょうけれど、台湾人にしたらあまり好きじゃない。大陸の人と同じにされたくないんですよ。

渡邉　香港でも同じことが起きていて、たくさん買ってくれるからいいお客さんなのかと思うと、実は半数ぐらいがバイヤーだったりする。

杏子　うんうん。そうですね。

渡邉　大陸の食品やミルクが信用できないので香港や台湾、日本で大量に買うんでしょうね。紙オムツが品切れになって香港の住民たちが買えなくなっちゃって大きな社会問題になりましたね。

杏子　もっとつくればいいんだけど。大陸の人はスーパーの棚、全部買い占めていっちゃうんです。台湾に来るときもいつも段ボールで買っていますね。お茶を買うのも50kgとか100kgとか量がすごいですよ。

渡邉　日本製がトップブランドで、次に台湾製があって、本土の製品はすごく下ですからね。だから中国共産党の幹部の人たちなどは、自国製品を信用していないので大陸製品は買わないんです。

杏子　そうです。台湾製造と書いてあると大陸の人は安心して買うんです。

渡邉　ところで、基本的に台湾市内のすべて、ホテルも公共の建物内はすべて禁煙ですね。

杏子　レストランも喫茶店も全部禁煙になっちゃった。でも外に出ると道端に灰皿が置いてありますよ。

渡邉　そのへんは日本とちょっと違いますね。ヨーロッパは外へ出ればどこでも吸っていいことになっていますが、台湾もそれに近いんですね。日本の場合は外でもダメ、なかでもダメ。喫煙所と表示してあるスペースだけで吸うことができます。欧米に右にならえで、２００９年に法律ができて建物内は全部禁煙になりました。

杏子　昔はどこでもＯＫだったけど最近厳しくなりました。ただ、空気がきれいになるのでいいことですよ。だって禁煙しないと喫茶店に入ったらタバコ臭いですから。だけど実際にはみんな吸っているのね。

渡邉　吸ってはいけない場所だけど誰も注意しない。

杏子　ちょっとゆるいところが台湾的ですね（笑）。

渡邉　一応、本音と建て前がありますね。

現地の人が食べる旨いものは街の屋台にあり

渡邉　台湾のコンビニに行くと、日本のお菓子が半分ぐらい占めていますよね。

杏子　日本のものは、ちょっと値段が高いからなかなか買いませんねぇ。

これだけは気をつけたいマナーとタブー②

1　喫煙は場所に注意

2009年に「煙害防止法」が施行されたことにより、公共交通機関内や、居酒屋、バーを含むすべての飲食店、またホテル館内など、公共の場での喫煙が全面的に禁止されました。違反者は罰金が科せられるので要注意。

2　公衆マナー違反で罰則も

タバコのポイ捨てをしたり、痰を吐いたりしたことが見つかると罰金を取られることも。もちろん立小便などもってのほかです。

3　写真撮影は慎重に

せっかく観光に来たのだから写真をバシバシ撮りたい気持ちは分かります。ただし、台湾には撮影禁止の場所があることをお忘れなく。空港や港、海岸などでは撮影が禁じられているところがあります。もちろん軍関係の施設は撮影禁止。街中でも撮られるのを嫌がる人もいるので、ひと声かけてから撮影するようにしましょう。

4　治安は安全だけれども……

治安の良さで定評がある台湾。ただし、油断は禁物。近年、犯罪が増えつつあります。夜市でのスリや置き引きには用心が必要。夜間、女性一人で歩くのは、なるべく避けたほうが賢明です。

渡邉　ブラックサンダーなんてチョコレート菓子が大ブームになりましたが。
杏子　そうですね。台湾では「黒雷神」と呼んでいます。あまりの人気と品薄で、日本にいる知人・友人を頼って大量購入する人もいました。一時期はなかなか買えませんでしたが、買えるようになったとたん、みんなもう買わなくなりました。
渡邉　熱しやすく冷めやすいところがある？
杏子　そうですね。
渡邉　ここ10～20年で台湾の食は変わりましたか？
杏子　とくに最近、日本の企業がどんどん進出して、最近は牛丼の「すき家」がオープンして行列がすごかった。「吉野家」もあるけどあまり評判はよくないですね。「大戸屋」は日本と同じ値段なので台湾人にとっては高すぎます。その値段で台湾の食堂に行けば、コース料理を食べられます。ラーメン屋さんはすごく増えました。うどん、そば屋さんも。台湾にも麺料理がたくさんあるけど、日本が好きな人は日本風の麺料理を食べたいですね。しかし値段が高いのがちょっとね……。
渡邉　中山に温州大餛飩と書いてある店がありましたけど。
杏子　うどんは大陸ですね。温州というのは大陸の地名です。漢字で餛飩と書いてあるけどうどんじゃなくて「ワンタン」の意味ですね。

渡邉　饂飩と書いてワンタンの意味なんだ。日本語で「饂飩」はうどん、「雲呑」がワンタンなのに、台湾ではなぜか「饂飩」がワンタンなんですね。

杏子　ワンタンと言っても麺も入っていますよ。

渡邉　へえ。麺は基本的に小麦粉ですか？

杏子　ビーフンとか春雨とか小麦粉を使わないのもあります。

渡邉　それも麺と呼ぶんですか？

杏子　麺類ですね。

渡邉　日本と一緒ですね。

杏子　はい。ソーメンもあって、お祝いするときに豚足と一緒に食べます。

渡邉　日本だとラーメンが代表的な麺なんだけど、台湾の代表的な麺というのは？

杏子　担仔麺《タンツーメン》とか牛肉麺《ニュウロウメン》、ソーメンみたいな麺線や黄色い油そばみたいな油麵、牛肉麵も大陸の人から伝わった麺料理です。昔、台湾人は牛肉を食べませんでした。本土から台湾に来たおじさんたちが生活のためにお店をやって、自分の出身地の料理を出したんです。自分たちも食べたいし。これをつくって売ったら大人気になったんですよ。太いスパゲティのような麺です。

渡邉　幅のないきしめんのようなやつですね。考えてみたら台湾と沖縄はほぼ緯度が同じです。沖縄もあまり牛肉を食べずに豚を食べることが多いので、同緯度に暮らす人たちの食生活はよく似ているのかもしれません。麺料理のお勧めの店ってあります？

杏子　おいしいところは地元の人が通っている古い店です。ただ、ほとんど日本語が通じないところが多いので観光客にはちょっと……。それに具の種類がものすごく多いので選ぶのに苦労しますよ。

地元民で盛り上がる屋台の様子。

渡邉　地元の人が通う店は麺の種類を選べるようになっていて、ミックスしてオーダーする形態が多いんですよね。このスープにこの麺を入れてとか、普通の麺を入れるのかビーフンを入れるのか乾麺を入れるのか。その組み合わせは数十種類以上です。

杏子　地元の人は気分によって、「今日はこれ食べようかな」と組み合わせを楽しみます。たとえば牛肉麺の具として、牛肉を入れずに水餃子を入れてもＯＫです。

渡邉　そういうお店でも日本人が行ってオーダーできないわけではないですね。メニューや表を見て指差しで注文できるようにすれば頼みやすいんですが……。

ローカル色満点の南機場夜市。中東由来のサンドイッチ「沙威碼（シャーウェイマー）」など台湾庶民の食が堪能できる。【所】台北市中華路2段と恵安街の間【交】MRT竜山寺・西門駅から徒歩25分か西門駅で12、223などのバスに乗り換えて、南機場公寓下車すぐ【営】12:00～翌1:00頃

杏子　個人営業の小さな店ですから、しゃれたメニューをつくる余裕もないですよ。

渡邉　僕らは台湾に繰り返し来ているので、地元の小さな店に入って勝手に注文します。漢字で料理名を書いてあるから、何となく意味が分かるので冒険をするつもりで頼むんですよ。

杏子　ああそうですね。ただ、料理の写真がないとちょっと困るかもしれません。

渡邉　麺料理の値段はどれぐらいですか？

杏子　台湾麺ならだいたい50元以下ですね。屋台で売っているビーフンなども35～40元ぐらい。牛肉麺は牛肉が入ると120～200元と高くなります。

渡邉　私がよく行くのは帝国ホテルの裏側にある中山国小の屋台街です。小規模な屋台街があって地元の市場もあります。台湾の下町という雰囲気で朝から食事ができます。

杏子　雙城街夜市ですね。

渡邉　屋台ではなく、街のなかに出店していてご飯を食べられるようなところは何カ所ぐらいありますか？　士林夜市みたいなところではなくて、屋台が何十軒か並んでいるところがありますよね。

杏子　小規模の夜市ですね。台湾ではどこに行っても屋台があるから。夜市も沢山あるし。お店の前にちょっと屋台みたいなのを出して路上で商売していることが多いですよ。

台湾の食文化は家庭料理よりも外食中心

渡邉　杏子さんが日本に来るときは、どんな台湾土産をもってくるんですか？

杏子　お茶をたくさん買っていきます。お花が入っているウーロン茶はお湯でも冷たい水のどっちで入れてもいいです。私はちょっと時間を置いて冷蔵庫に入れておいて飲みます。

渡邉　日本に来る台湾の人たちはどんな目的で、何を見たいと思って遊びに来るのかな？

杏子　皆さん買い物と写真を撮りに行く人が多いですね。あとはグルメですね。

渡邉　台湾のスーパーでも、いろいろなものが売られていますね。

杏子　超市だからスーパーマーケット。カルフールもあるし、イケアやニトリ、ほとんど日本と同じ。１００円ショップのダイソーもたくさんあります。台湾では39元ショップになっていますけど。

渡邉　いまのレート換算だと１５０円ぐらいですね。大陸でつくっている商品もあれば、バングラデシュでつくっているものもある。ところで、スーパーに行くと、台湾マヨネーズという甘くて黄色っぽいマヨネーズを売っています。日本のマヨネーズとまったく違って、ゼラチン状というかもっと油っぽくてディップみたいな感じになっています。台湾の人はどんな食べ方をするんですか？

杏子　たけのことか海老マヨにもかけて食べます。台湾人は甘いマヨネーズに慣れているので、日本のマヨネーズは人気がないです。とにかく、台湾料理は味がやさしいので日本人の口に合うと思いますよ。普通の家庭料理とか屋台の料理は甘口ですね。

渡邉　八角が入っているのは大陸系の料理ですか？

杏子　八角が入っている中華料理と言えば醤油の煮物が多いですね。香りが良くて、台湾料理にもよく使いますよ。

渡邉　台湾の卵焼きは切り干し大根が入っていますね。

杏子　大根を細く切ってネギと一緒に卵のなかに入れます。フワフワでおいしいですよ。屋台の名物で牡蠣が入った「蚵仔煎《オアチエン》」というオムレツもあります。あと臭豆腐もおいしいですよ。

渡邉　臭豆腐は日常的に食べますか？

杏子　子供の頃からずっと食べているから慣れています。納豆みたいな感じですね。でも台湾人でもたまに臭いと思う。でもおいしい。口に入ると臭くないし。鍋にするとすごくいい匂いになります。ちょっと酸味が強いかな。

渡邉　臭豆腐をつくる店の周りを通ると匂いがすごい。近くを通るのも嫌だという人もいると思います。好き嫌いがかなりはっきりする食べ物です。

杏子　日本人には食べられないかもしれませんね。でも、本当においしいですよ。

渡邉　かき氷は食べますか？

杏子　たまに食べますね。何人かで分けて食べます。フルーツ系のかき氷や、台北市内の漢口街二段にある1961年創立のかき氷の老舗「楊記」のコーンピーナッツ味のかき氷がお勧めですね。コーンとピーナッツのかき氷と言うと、日本人はみんな「あり得な〜い」と驚くんですけどね。コーン自体は甘くちょっと塩味があり、とろとろとした舌ざわりのするピーナッツと一緒に食べると、甘くてちょっと不思議な味がして、だけどおいしいんです。値段は90元ですね。

渡邉　日本でお汁粉にちょこっと塩を入れるみたいな感じかな。

杏子　モチモチとろーっとした食感ですよ。シーズンになるとマンゴーが乗ったりします。

渡邉　ちなみに台湾の人たちはパイナップルケーキをあまり食べないと聞いたけど、本当ですか？

杏子　たまに食べますが、いつもお土産にして相手に差し上げます。おいしいけど結構高いのでそんなに食べたことはないです。

渡邉　月餅もそうですよね。ギフトとしてもらったり贈り物にしたりしますけど、自分で買って食べるって話はあまり聞きません。

杏子　中秋節の時期には食べますよ。

渡邉　月餅は縁起物でね。台湾にはそんなことあるのかどうか分からないけど、本土に行くと月餅って賄賂のための道具なんです。

杏子　そう。なかにお金が入っています。

渡邉　月餅のなかにマンションの権利書が入っていたり、ダイヤモンドが入っていたり。それが去年完全に禁止されて「月餅」と書いてある箱には月餅以外のものを入れてはいけない、という法律ができたようです。

杏子　ああ、なるほど。

渡邉　ところで、台湾の朝ご飯はどうなんでしょう。

杏子　店で買ってオフィスで食べながら仕事をしますね。

渡邉　だいたい皆さんそうですよね。朝食は買って、夜は早く家に帰って夕食を食べる。

杏子　もしくは屋台で食べたり、ほとんど外食ですね。

渡邉　外食する人が半分以上？　３食とも外食の人がどれぐらいいるんでしょう？

杏子　たくさんいます。晩ご飯は外で惣菜を買ってきて、家でみんなで一緒に食べます。

渡邉　女性一人でラーメン屋さんに行くことはありますか？

杏子　それは全然平気。日本と違って台湾の麺は男が食べるんじゃなくて子供も食べるし、女性一人でも入りますよ。吉野家も一人で入ります。

渡邉　基本的に共働きが多くて外食文化なので、家庭で３食つくることがあまりないんでしょうね。

杏子　もし、お爺ちゃん、お婆ちゃんが家にいれば、たぶんつくりますね。

渡邉　小さい頃から屋台で食べる子もいますしね。

杏子　はい、そうです。毎日屋台で食べる子供もいます。

渡邉　中国では朝の定番はお粥だけど、一つ10元ぐらいですか？

杏子　いや、台湾人はあまりお粥を食べないですね。昔の台湾の農業地帯は家族そろって朝ご飯食べてから仕事に行っていましたけど、いまはお粥は食べないですよ。豆乳屋さんで豆乳と揚げパン、おにぎりとか大根餅とか、あるいはすっかり洋式になっちゃってマックをテイクアウトしていく人なども結構多いです。

渡邉　台湾粽《ちまき》って日本では有名なんだけど、ほとんど売ってないですね。

杏子　粽の専門店なら台北にもありますよ。でも季節のものですから、端午節にしか食べないです。

渡邉　日本の台湾料理屋さんに行くと必ずメニューに台湾粽があって、みんな「台湾」が付いているから台湾が粽の本場だと思っていました。

杏子　台湾のものですよ。

渡邉　台湾に来たらどこで食べようかなと思って、探し回る日本人が結構多いんですよ。

杏子　台湾人はおいしくないと思っています。粽は家でお母さんがつくる家庭料理ですよ。市場で買うこともありますが……。専門店に食べに行ったこともあるけど、ごく普通の味でした。

渡邉　台南の夜市で屋台の粽屋さんを何軒か見かけたけど、台北では見たことないですね。高雄の夜市でも何軒かありました。やはり北と南で味の好みが違うんですね。

杏子　って言うか、「屋台料理がこんなにあるのに、何でよりによって粽を食べるの?」って感じなんです。わざわざ粽を食べることはないでしょうね。粽よりおいしいものがたくさんありますし。しかも50元とか60元で高い。

渡邉　カラスミも食べないですね。

杏子　食べない。日本人向けでしょう。日本人の友だちと一緒に台湾料理屋さんに入って初めて食べましたけど、普通は食べないですね。

渡邉　日本でも一応高級食材で値段が高いですからね。スペインでもカラスミ料理がありますが、たぶんスペインからオランダあたりに伝わって、それから日本や台湾に食材としてやってきたんでしょう。

杏子　台湾の家庭料理のなかには全然ない食材です。日本の統治時代に食べていたものが、いまに残っているのかもしれません。カラスミを売っている屋台もあります。けれど１個50元もします。

哈日杏子いち推しの台北近辺の観光スポット

渡邉　台北から行くとすると、観光スポットはどのあたりがお勧めですか？

杏子　私が日本人なら九份に行きたいですね。台北から電車１本で行けますよ。レトロな街並みに似合う茶芸館やカフェが軒を連ねています。九份的天公廟というお寺からの美しい夕陽や夜景が見ものです。日本人観光客も多いですよ。でも、いま一番の人気は猫村ですね。猫がたくさん住んでいる小さな村で、猫の数が人口より多いんです。

渡邉　どこにあるんですか?

杏子　九份の近くです。台北から電車で40~50分。九份の最寄り駅「瑞芳」からだと電車で1駅、猴硐《ホウトン》という駅に5分ほどで着きます。昔は台湾一の炭鉱の街でしたけど、1990年に閉山して、ピーク時には6000以上いた人口が数百を数えるほどになっています。その一方で猫の数はどんどん増えていって、いまでは地元観光局のパンフレットにも載るほどです。ニャンコの楽園として大人気です。

台北郊外にある茶の名産地、そして眺めの素晴らしさで知られる猫空。MRT動物園駅でロープウェーに乗り換え猫空駅で下車。ロープウェーは以下の通り。【営】9:00（土日祝は8:30）～22:00【休】月（祝日を除く）【料】1駅30元、2駅40元、3駅50元

渡邉　猫好きにはたまらないですね。

杏子　台北郊外だと猫空《マオコン》という山がお勧めです。台北市郊外の木柵地区にある格頭山の西南にあります。向かいには標高500mの猴《ホウ》山《ザン》がそびえ立っています。

渡邉　猫空とはおもしろい名前ですね。

杏子　その昔、大陸の福建省からやって来た民がここに茶屋を開きましたが、あまりお客

が来なくて、飼っていた猫さえ愛想をつかして逃げてしまったことがその名の由来だそうです。お茶の産地としても有名ですよ。文山包種茶と鉄観音はとくに有名で、茶芸館もあって、お茶を飲みながら夜景を眺めるお客でいっぱいです。ロープウェーで行けるので台北市民の憩いの場になっています。

渡邉　猫空の飲茶はどこがお勧めですか？

杏子　どこもみんなおいしいですよ。だいたいはずれがない。帰る時間にはロープウェーも終わっていることもありますから、そのときは店のオーナーに頼んでタクシーを呼んでもらうといいですよ。

渡邉　夜景を見て、お茶を飲んで料理も食べて。

杏子　そうそうそう。だけど残念ながらお酒は置いていません。

渡邉　それは残念。宜蘭にも温泉がありますね。

杏子　冷泉ですね。宜蘭は台湾北東部です。海岸沿いまで山が迫っていて交通の不便なところでしたが、２００６年にトンネルが開通して台北市内から30分で行けるようになりました。空気がよくて温泉もあり、食べ物もおいしくて遊べるところがたくさんあります。

台北でも盛り上がるコスプレ文化

渡邉　いま台湾の若い人の間ではどういったものが流行っているんですか？

杏子　ゲームやコミックですね。たぶんほとんど日本と一緒です。私もｉＰｈｏｎｅ6が欲しいけど、日本のほうが先に発売したでしょ？

渡邉　香港から日本に買いに来ている人がたくさんいました。

杏子　それにしても、日本を訪れる観光客は増えていますね。

渡邉　いま円安だからでしょう。

杏子　２０２０年のオリンピックのときもすごいでしょうね。

渡邉　いま問題になっているのが台湾の観光バスなんです。台湾の場合、旅行会社が大型バスをチャーターして観光客を送迎しますが、チャーター費用は免税店などがお金を出して自分の免税店に立ち寄らせる仕組みなんです。日本にはそういったシステムがないので台湾の観光会社は、自費で日本のバスをチャーターして台湾の観光客を送迎しないといけません。

杏子　確かに、ツアーは大変ですね。

渡邉　観光客が増えすぎていてチャーターするバスの確保が間に合わないんです。一番の問題はラベンダーの時期の北海道観光です。

杏子　台湾人はラベンダー大好き。東京の次に好きなのが北海道です。雪も見られるしラベンダーも見られます。台湾では雪が見られませんし、ラベンダーが一面に咲くような広い平地もありません。

渡邉　台湾は日本と同じで山が多くて平野が少ないですからね。

本はもとより雑貨や服、CDなども扱う地元っ子に大人気の誠品書店信義店。【所】台北市松高路11号【交】MRT市政府駅から徒歩3分【営】B2・B1・1F・5F・6F11:00～21:30（金土は～23:00）、2～4F10:00～0:00（金土は～翌2:00）【休】無休

杏子　平地がすごく狭いんです。北海道は広いじゃないですか。建物が何もなくて邪魔物がない（笑）。その光景は北海道でしか見られないと思います。

渡邉　確かに台湾にはない風景です。

杏子　台湾にはありえない。

渡邉　台湾で一番広い平野みたいなところはどこだろう。

杏子　台湾南西部に位置する「嘉南平原」は台湾で一番大きい平地です。総面積は約４５００㎢もありますよ。

渡邉　「誠品書店」も大人気のようですね。

杏子　そう。いま台湾で一番おしゃれな人気書店で、アート、カルチャーの流行発信地です。台北にいくつも店

ファッションからオタク文化まで若者カルチャーを発信し続ける西門町。

舗がありますが、そのなかでも信義店は地下2階から地上6階の大規模な店です。本や雑誌だけでなくフードコート、レストラン、生活雑貨、トラベル用品、インテリア用品、アパレル、カフェなどさまざまな店が入っています。

渡邉　本や雑誌は言葉が分からなくても、写真や漢字から意味を想像して推測できますからね。いま台北で流行っているものが分かって興味深かったです。若い人たちが集まる台湾の渋谷とか原宿と言われる西門映画館街がありますね。日本統治時代から映画街として知られていますけど、いま現在でも複数の映画館が立ち並んでいます。西門でお勧めの場所って、どこかありますか？

杏子　西門はいま若者の情報発信基地ですね。台湾のファッション、サブカルチャーやオタク文化の発信源になっています。「西門紅楼」と呼ばれるところは建てられてから100年も経っているんですよ。

渡邉　当時、台湾総督府建築科を担当していて西洋建築が得意だった日本籍の建築家の近藤十郎が設計したそうです。一番古い公設市場ですね。若くて大胆なアイデアで八方から人が

西門のランドマーク西門紅楼。もともとは1908年に建てられた市場で、現在は若者文化の発信基地となっている。【所】台北市成都路10号【交】MRT西門駅から徒歩3分【営】11:00～21:30（金土は～22:00）【休】月

集まってくるイメージを市場の入口にしています。この建築形態は東西建築史上初めてだったということです。

杏子　台北市が新しい文化をつくろうと、1年を通してライブとかイベント、講演会をたくさん開催しています。映画館や露店のカフェなど若い人でいっぱいですよ。ちなみに紅楼の隣の漢中街には、コスプレやイベントなどのための変装用の衣装専門街があります。時間があればゆっくり見学してみたらおもしろいですよ。

渡邉　コスプレの衣装専門街があるんですか。

杏子　変装用の衣装のレンタル専門街なんです。イベントのときなんかに着る衣装を貸してくれます。あ、コスプレと言えば、毎年台湾では大きな同人誌やグッズを販売するイベントが開かれているんですが、その会場の外に何万人ものコスプレイヤーが集まるんですよ。海外から来たコスプレイヤーと関連業者もたくさんいて、ものすごく盛大です。開催時には、日本の声優を呼んで特集を組んだりサイン会を催したりしています。

渡邉　コミケがあるんだ。

杏子　すごいですよ。大きいイベントは1年に2回ほど開かれて、コスプレ好きが大集合します。企業スペースもあって日本の参加企業も増えています。

渡邉　毎年12月に台北マラソンがありますね。日本からマラソンに参加する人も結構います。

杏子　政府関係が主催しているのは台北マラソンだけです。

日本語が通じる台湾マッサージ店が安心

渡邉　台北市内にはマッサージ店がたくさんありますね。

杏子　大陸のマッサージはやたらに強く押しますね。痛いですよ。台湾のマッサージはみんなやさしいですから、どこの店に行ってもだいたい大丈夫です。

渡邉　観光ガイドに載っている日本語の通じる有名店は、基本的にぼったくりはしないので安心できますが、怪しい店に入ると値段が気になりますね。

杏子　日本語が通じる店は安心できると思います。全身コースは1000～1500元で、だいたい値段は同じですね。

渡邉　台湾式マッサージは値段が高いからタイ式に行く人がいますけど、台湾のタイ式マッサージは大丈夫なの？

杏子　大丈夫だけど。せっかくだから台湾式のほうがお勧めですね。もっとも言葉が通じないとちょっと怖いですね。

渡邉　「ダイナスティ」とか有名なマッサージ店は、24時間営業で台北市内だったら無料でホテルまで送迎してくれます。「ウインザー」とダイナスティはよく行きますよ。日本語も通じます。ダイナスティの玄関には、志村けんのバカ殿の原寸大の看板が立っています。志村けんさんは昔から台湾によく行って、必ずその店でマッサージをしてもらっているようです。また、マッサージ屋さんはオプションでシャンプーや耳かき、足裏の角質取りまでしてくれます。それもお勧めです。

杏子　実は、台湾人はシャンプーするときにわざわざ泡を立てたりしないんです。

渡邉　あれは日本人向けに観光用でやっているんだ。観光客向けのパフォーマンスは結構ありますね。

杏子　以前、そういう店に案内したけど美容室は日本語が通じないので、店とお客さんとでコミュニケーションがとれないでしょう。だから心配になりました。

渡邉　たとえばの話なんだけど、現地に友だちがいない日本人がプライベートで台北に来たとしたら、ボランティアで地元を案内してくれるとか、料金を支払って現地のガイドを雇うことはできますか？

杏子　たぶん日本の旅行会社に頼めば、台湾支社のガイドさんが現地を案内してくれるんじゃないかと思います。

渡邉　公式のガイドさんがいるお寺もありますね。

杏子　お寺にはいるかもしれませんけど、ボランティアだと日本語が通じる人はあまりいないかもしれません。台湾の旅行会社と提携して「台北ナビ」のようなところと連携できたらいいかもしれません。

渡邉　そういう仕組みがあると便利なので、ちょっとビジネスとしてもおもしろいと思いますね。

キャラクターをアレンジすればコピーではない

渡邉　バイクがものすごく多いですけど、停めるところは大丈夫ですか？

杏子　バイクを駐車するところは場所が決まっています。台湾の駐車場は狭いのでバイクのほうが便利です。

渡邉　事故は多くないですか？

杏子　台湾人は小さい頃からバイクを見て育っていて慣れているから怖くないですよ。バイクのヘルメットをかぶったままコンビニに買い物に行く人もいるし。バイクとバイクがぶつかる事故はそれほどないんですけど、バイクと車の事故はあります。飲酒運転とか信号無視の事故もありますよ。台湾の道路交通安全規則によって、バイクの二人乗り以上は禁止になりました。また、バイクに乗るときに着けるマスクも同じものをずっと使っていて取り換えないですね。顔や絵が描かれているマスクを使います。それも一つの文化ですよ。夜市に行ったらいろんな種類のマスクを売っています。

渡邉　マスクの種類がたくさんあるとは知らなかった。いくらぐらいするんですか？

杏子　質にもよりますが、一つ50～80元ぐらいですね。

渡邉　屋台で売っているTシャツとだいたい同じ値段ですね。

杏子　Tシャツの柄もいっぱいあります。

渡邉　得体の知れないキャラクターとかね。

杏子　本物のキャラクターと微妙に違っています。

渡邉　サザエさんと天才バカボンを合わせた「サザエボン」みたいに、わけの分からないキャラクターもありますね。他にも、台湾のオリジナルの猿のキャラクターとか。私は屋台で買いましたけど。

杏子　最近、台湾の若いアーティストがデザインしたおもしろいキャラもありますし、夜市にはちょっと微妙なコピーっぽいキャラ商品がたくさん売っています。

渡邉　コピー商品は黙認されているんですね。コピーと言ってもブランド品のコピーはあまり売っていません。

杏子　そっくりなものは売っていないけど、そのキャラクターを使って勝手にアレンジしたものをつくることは多いですね。

渡邉　香港みたいにルイ・ヴィトンのコピーを売っているわけではないんですね。ディズニーのミッキーをベースにしたよく似たキャラクターをTシャツに使ったり、ドラえもんをちょっとアレンジして使っていますね。

杏子　わざとやっているんですよ。アレンジするとコピーじゃなくなるでしょう。違反じゃないと思っています。

酒も飲まない、博打もしない台湾人は宝くじが大好き

渡邉　台湾はレストランでもお酒を置いていないところが多いですね。

杏子　夜市にもお酒を置いていないので日本人はびっくりするそうです。

渡邉　最近でこそ夜市でもお酒をビンごと売っているところもあるようですが……。

杏子　それでも、ほとんど売っていません。売っているところはレストランかな。夜市にあるレストランのなかで売っています。屋台では売っていない。みんなバイクに乗って行動するのでお酒を飲まないし、お茶のほうが好きです。

渡邉　台湾の人がお酒を飲んでいる姿はあまり見かけないですね。

杏子　飲むなら自分の家かレストラン。居酒屋のワタミが台湾に出店していますが、お酒の売り上げは全然ダメです。台湾人は会社が終わったらすぐ家に帰ってウチで飲みたいから、外で飲む習慣がないんです。

渡邉　ラーメン店に入ってビールが飲みたいと思ったら、自分でそばのスーパーに買いに行く他ないですね。

杏子　店でアルコールを売ったら、ちょっと酔っぱらってややこしいことになりかねないので、そうならないようにしているんです。

渡邉　自分でセブン-イレブンとかで買って飲めばいいんですよね。屋台にはマイドリンクを持ち込んでも文句を言われません。正式なレストランはダメだけど、街で営業している普通のお店はウーロン茶のペットボトルとかの飲み物は持ち込みＯＫですね。

杏子　他の屋台で売っているジュースを持ち込んでもＯＫ。でもお酒を飲んで食べる人はほ

台湾料理の人気店「青葉」の新店舗「青葉新楽園華山店」。ビュッフェスタイルで台湾ビールも飲み放題となっている。【所】台北市八徳路1段1号【交】MRT忠孝新生駅から徒歩3分【営】（ランチ）12:00～14:30、（アフターヌーンティー）15:00～17:00、（ディナー）17:30～21:30【料】（平日ランチ）580元、（アフターヌーンティー）460元、（休日ランチ、平日休日ディナー）720元【休】無休

とんどいません。お酒をたくさん持ち込んだら嫌がられるんじゃないかな。もちろん、お茶を売っているところにお茶を持ち込んだらダメですけどね。

渡邉　若い人たちはあまり飲まないの？

杏子　飲みますよ。いま台北市内には和式の焼肉屋さんとか居酒屋ができていますから、みんなそこで飲むんです。もしくはパブとかに行ってお酒を飲みます。

渡邉　和式、日式の飲食店ですね。

杏子　そう。そこで飲む。

渡邉　酒を飲むという悪い習慣を日本人が教えたんですね。

杏子　そうですね。ビアガーデンも若い人が飲みに行きます。

渡邉　台北市内だと台湾ビールの工場のところ

のビアガーデンが有名ですね。

杏子　そうそう。光華商場のそばの八徳路にある、1919年に創設された台湾で最初のビール工場内で営業している「台湾ビール346ウェアハウスレストラン」が若者に大人気です。工場の敷地内にビアガーデンスペースがあります。夕方からオープンする屋外エリアとショールームも兼ねた屋内スペースの二つがあって、屋内スペースは午前11時に開店するので昼ビールも楽しめちゃうんですよ。天井が高くてなかなかおしゃれな雰囲気ですね。

渡邉　ショールームには台湾ビールが製造する各種商品はもちろん、Tシャツやビールジョッキ、コースターなどの台湾ビールグッズも販売されていますね。

杏子　ここのウリは何と言ってもでき立てホヤホヤの新鮮な生ビールです。それに、瓶ビールの蓋にはしっかり当日の日付が印刷されているんですよ。

渡邉　高雄の夜市のところにカジノかな。パチンコみたいなのがありました。

杏子　あぁー。麻雀もあるしゲームセンターみたいなところもあります。

渡邉　賭博はNGですよね。

杏子　夜市で開くささやかな賭博は大丈夫です。パチンコの景品みたいなものです。

渡邉　違法性はあるけれど黙認されているという、よくあるパターンですね。公式には賭博場は台湾にはありません。台湾には合法のパチンコ屋もありません。

杏子　ないです。台湾人はあまりパチンコをしませんので、パチンコ屋のほとんどが潰れました。

渡邉　酒も飲まなきゃ博打もやらない。まじめですね。その代わり占いとか好きだよね。

杏子　まじめと言うか、あまりギャンブルはしない。基本的にやさしくて、ややこしいことは嫌いですね。「もし、これをやったら負ける」とか「お金がなくなってしまう」ということを先に考えてしまうから、やらないんです。株とか投資が好きな人もなかにはいますが。

渡邉　博打好きな人は世界共通で、どこでもいますよ。

杏子　競馬場もない。公営ギャンブルもない。香港にはあっても台湾にはない。お酒好きなおじさんはいますよ。でも外で飲むとちょっと高くてもったいないから家で飲みます。いまは宝くじを買う人が多くなりました。賞金がすごいもん。一番高額は4億元。毎年当選者がたくさん出ます。街で売っていて機械に選んでもらうか、自分で数字を選ぶかのどちらかです。旧正月になると賞金がアップするので、みんないっぱい買いますね。ボーナスで全部買っている人もいるし。みんな買っているから自分も買わないと損すると思って。

渡邉　ナンバーズやロトみたいなものですね。スクラッチくじもありますね。よく街中で障がい者の人がレストランとかに売りにきます。

杏子　政府がそう決めたんですよ。障がい者の生活を支えるために、彼らにその権利を与えたんです。

渡邉　スーパーのレシートを使った宝くじがありますよね。

杏子　レシートは全部宝くじなんです。当たったら1000万元とか2000万元。外国人でも賞金をもらえますよ。だから台湾の人はレシートをもらったら、ちゃんと財布のなかに入れます。私の場合は丁寧に分けて入れます。楽しみですよ。すべてのレシートにナンバーが印刷されているので、誰にでも当選するチャンスがあります。スーパーとかで入口に募金箱が置いてあって、そこにレシートを入れるようになっています。

渡邉　屋台にはないけど、セブン-イレブンでも吉野家でもどこに行ってもレシートがありますね。

杏子　たとえば飲み物を10本買うときは10軒別々の店で買います。当たる確率が高くなりますからね。1枚2元のコピー代でもレシートをくれますよ。

渡邉　金額が高くても安くても、1枚のレシートが1枚の抽選券なんですね。

杏子　高い投資をしなくても楽しめます。こういう無料のものは大好きです。

渡邉　だからレシートが道に落ちてない。

杏子　落ちていたら拾いますよ。ゴミが少なくていいでしょ。期限は半年です。200元とか1000元とか小額は当たったことがあります。何もお金を出して投資しているわけじゃないのに。

渡邉　タダで楽しめますね。

杏子　はい。ところで、いま台北市内を移動するときに「YouBike」というレンタル自転車がすごく流行っているんですよ。メンバーになると最初の30分が無料なんです。台湾人は公式サイトに登録した悠遊カード（交通ICカード）で、外国人はクレジットカードを登録すれば借りられます。4時間以内なら30分ごとに10元、4時間以上8時間以内なら30分ごとに20元、8時間以上なら30分ごとに40元かかります。旅費を節約するならこれ、お勧めです。

渡邉　レンタル自転車はいいサービスです。

杏子　もっとも、自転車に乗るより電車のほうが速いんじゃないかなと思うんですけどね。東京は広すぎて自転車では移動できません。

渡邉　そうですよね。東京の場合、広すぎるのとアップダウンの坂が多いし、自転車専用道路がない。

杏子　そうそう。台湾は歩道も広いですよ。

渡邉　淡水の川の横はサイクリングとマラソンコースのメッカになっていて、パスポートとクレジットカードをもっていけば自転車が借りられます。

杏子　でも、台湾は暑いから私はあまり自転車に乗りたくない。私はバスか電車で移動しますね（笑）。

杏子から日本の皆様へ

台湾人は心の底から日本を支持しています。そのことはあの東日本大震災後の台湾人の驚くべき行動力と義援金の額から十分で証明できるでしょう。出発点はそれぞれ違いますが、私たちは、みな日本が好きです。たとえラーメンであろうが、日本の歴史であろうが、温泉であろうが、ゲーム、音楽、伝統文化、建築、和食、あるいは日本の風景が好きだったとしても、「哈日族」たちは、みな日本が好きです。だからこそ日本にはこれからもずっとこの地球上に存在してほしいし、消えてほしくないのです。

1日も早く元気を取り戻し、私たちをこれからも夢中にさせてほしいのです。このような見返りを求めない無償の愛は、当初の私たちの「哈日精神」から大きく昇華したものであり、台湾人の私自身ですらこの変化に驚いています。

私は「哈日」によって、普通のOLからマンガ家、作家となり、日本にいるたくさんの「哈台（台湾大好き）族」とも知り合うことができました。「哈日」は私の人生を変えたのです。

「日本大好き」イラスト、たくさん描いてます！

また、「哈日」を介して、いっそう台湾を愛することができるようになりました。日本が明日もあり続ける限り、私もまた明日も「哈日」を続けます。日本を永遠に想い続ける台湾人。心から日本との友好関係が永遠に続くよう願ってやみません（哈日杏子ブログより）。

第4章

日本にとって台湾はどれほど重要か

～政経の関わり～

日本経済と切り離すことができない台湾経済事情

台湾にはセブン-イレブンやファミリーマート、吉野家、スガキヤ、オリエンタルカレー、一風堂をはじめとしたさまざまな有名チェーンやラーメン店が進出しています。メーカーで言えばエレベーターなどは三菱電機だらけです。日立製作所、東芝、三菱など大手製造業はほとんど台湾に進出していて、自動車に関して言うと街を走っているのはほとんどが日本車です。

ただしバスには違いがあります。台湾ではスウェーデンの「スカニア」というバスを製造しています。スウェーデンが台湾で現地生産しているので、バスに関してはほとんどがヨーロッパ仕様になっています。日本車以外では韓国製のバスが結構走っていますが、実は「韓国人に騙された」と憤る台湾の人たちがいます。

と言うのも、アメリカが台湾と国交を断絶する際、韓国は台湾を支持するとずっと言い続けていたので、台湾としては韓国から大量の韓国車を輸入する便宜を図っていました。それが突如として台湾を切り捨てたのですから、台湾人としては韓国に対して恨み骨髄なのです。

日本企業が台湾に進出して乗り越えなければならないのが言葉の壁、文化の壁です。もし中国本土に進出するならば、台湾と同様に言葉、文化の壁が大きく立ちはだかっています。そこで台湾という島を利用してテストケースをつくり、パイロット的にマーケット調査をし、そこで人材教育を行った上で大陸進出しようとする日本企業が多数あります。つまり台湾を大陸に進出するための足がかりと位置付けているのです。

製造業においても、日本企業が中国本土に対して直接発注した場合、やはり言葉の壁の問題で高品質を保つことがなかなか難しくなります。そこであえて日本と中国本土との間に台湾企業を介在させれば、中国本土をコントロールすることが可能になります。

たとえば台湾の巨大企業フォックスコンは世界最大のOEM会社で、同社は海外のさまざまな企業から受注したものを世界各地で製造しています。たとえばアメリカのアップル社から製造を受注して、中国本土や世界各地で組み立てた製品を世界中に輸出しています。もちろんソニーや任天堂などの日本企業も同社を利用しています。

フォックスコンと韓国企業のサムスンとは大きな違いがあります。それぞれの国の考え方が基本的に違っているのではないでしょうか。台湾にはフォックスコンやエイサー（宏碁）、「ASUS（エイスース）」、「GIGABYTE（ギガバイト）」など、さまざまな企業があります。しかし、基本的に各社とも自社のオリジナルブランドにこだわっていません。名を捨てて実を取る、と言ったらいいでしょうか。たとえばソニーの「VAIO」などもほとんどエイサーやエイスースがOEM生産していました。最近でこそエイサーやエイスースは自社ブランド製品を販売するようになりましたが。

日本と台湾のビジネス構造はこのような形態になっていて、日本が中国人という安価な労働力を利用する上で、台湾の存在は非常に大きな意味があったと言うことができます。

現在、日本企業の対中投資は50%減になり、中国本土からの撤退が大きな問題になっています。この撤退という選択をするときも台湾を介在させることにより、日本にとってはリスクを軽減できるというメリットがあります。

台湾と中国本土の関係を見るにあたって、日本人は二つの視点をもっていると思います。一つは、台湾が大陸に侵略されるのではないかという見方。そして逆の側面から見ると、台湾が大陸を利用しているという二つがあるので、一方的に台湾が大陸に侵略されるのではないかという考え方はちょっと間違っていると私は思います。

実際に製造業の多くは、中国人がもつ華僑と客家とのネットワークをうまく利用しながら大陸を利用して経営している側面が往々にしてあります。このことを理解せずに、ひとくくりに「中国が悪い」「台湾が変」と判断するのはなかなか難しいのではないでしょうか。

正確で高品質な製品を目指す日本型のビジネスモデルは、故障が少なく安定していて優れていますが、決定までのプロセスにどうしても時間がかかるのが難点です。たとえば日本企業の商品デザイン部は、「この素材をこのように使うと何グラム軽くなって安定性がどうで、強度がこうで」と緻密に計算して製品化にこぎつけます。

一方、台湾企業のデザイン部は、そうしたプロセスはたどらず「マーケティングが先にありき」で、未完成品でもいいから先に発売するアメリカ型のビジネスモデルの影響を受けている面もありますし、確実に完成した製品を間違いなく出そうとするビジネスモデルも存在します。この二つの折衷案が存在するのが、台湾のビジネスモデルということになります。

多様性のなかで培われた台湾人気質

世界的に見ても、約束の時間を正確に守る習慣があるのは日本とスイスぐらいだと言われています。ドイツの鉄道でさえ定刻に動きませんが、日本の鉄道はほぼ定刻で運行します。つまり日本人が特殊なのですから、他の国の人たちは「時間を守れない」と思ったほうがいいわけです。

台湾の人たちは、約束をした場合はそれほど時間にルーズではなく、きちんと行動しますから日本人としては付き合いやすい面があります。日本企業が中国本土と取引するときに台湾企業を中間に介在させる理由はそこにあります。

台湾人はもともと大陸からわたってきた人たちが多く、文化も大陸から入り込んできていますから、中国人的な鷹揚さ、大まかさもあり、日本的な繊細さのどちらも理解できる文化・風土があります。

台湾と国交を結んでいる国は30数カ国あります。日本やアメリカのように正規な国交を結んでいない国でも台湾条約を結び、台湾人がビザなしで自由に渡航できるのは129の国と地域に上ります。本土中国の何倍もあるのです。

先進国側としては、新興国からの不法移民や不法就労があるため、基本的にビザを認めない国が多いのですが、その点、ビザなしで各国に渡航できる台湾は先進国の一員であると考えていいでしょう。

台湾は精密機械をつくることができる国です。それを考えると日本企業のライバルとしては、韓国より台湾のほうが怖い国と言うことができます。

もう一つは台湾の多様性です。韓国は選択と集中の結果、多様性を失いました。台湾へ行くと分かりますが、昔の日本の商店街のように小さな個人商店や町工場がたくさんあります。世界的に見ても小さな町工場が生き残れる国というのは日本と台湾、ドイツなど限られた国しか存在しません。台湾のようにモノづくりができ、サービス業をはじめとする多様性が日本以上に街中に残っている怖さがあります。こうした多様性があるからこそ台湾が日本のライバルとして怖いのです。おそらくこの点が中国や韓国のビジネス社会と大きく違う点ではないでしょうか。

現在、日本のフランチャイズ企業の進攻が台湾の文化を大きく壊しています。ファストフードなどのフランチャイズビジネスは、古くから営んでいる地元のパン屋さんや飲食店などよその国の文化を食い荒らしてしまう要素が非常に強いので、その点をある程度留意して出店していかないと街そのものを破壊する可能性があります。最終的においしいものをつくっていた由緒ある店が廃業に追い込まれることすらあるのです。

台湾に関してはまだそこまでには至っていませんが、大都市の台北、高雄あたりではバブルの影響で古い建造物をどんどん壊して新しい建物を次々につくっています。新しい建物を建てると、もともとあった商店が追い出されてしまいますから、結局フランチャイズチェーン加盟店の同じ色の看板、同じデザインの店舗が並ぶようになってしまっています。

こうした帰結は日本が経験していることでもあるし、世界的に反省すべき点でもあります。今後台湾がどの方向に進むかは分かりませんが、決して良い傾向ではないと思います。

マクドナルドに代表されるグローバル戦略は、自分たちがつくる商品を世界基準にして押しつけてきます。一方、日本のインターナショナル戦略はそれぞれの国にローカライズさせて、その国に適合するよう考えてつくっていきます。たとえば牛丼の吉野家にしても日本と味付けが違ったり、健康丼といって納豆を乗せた牛丼があり、提供するものが国によって違ったりします。やはり単に進出するだけでなく、ローカライズという日本企業がもっとも得意とする戦略で展開するのはいいと思いますが、日本人としては他国に過度にフランチャイズ展開を推し進めていくことはあまり感心しません。

一党独裁から民主国家に生まれ変わった台湾の政治

台湾はかつては国民党による一党独裁でした。日本はサンフランシスコ講和条約等で台湾の領有権を放棄しましたが、それと前後して国民党が当時の首都南京から台湾に大量に押しかけて台湾政府を樹立し、統治を始めました。日本が台湾の統治から撤退するなかで、国民党が政府の代わりを果たすようになったのです。

当時、国民党は一種の軍事独裁政権でしたが、歴史的な経緯のなかで次第に開放され、1980年代後半の李登輝総統時代を前後して完全な民主化選挙が行われるようになって民主国家として生まれ変わりました。

一党独裁から民主化に流れが変わっていくなかで、台湾独立派と言われる野党の民進党が大きな下地をつくっていきました。一方、中国寄りの人たちは国民党から追い出され、親民党という完全な中国寄りの政党を結成します。

国民党自体は50年近く政権を担当した経緯から保守政党であり、日本の自民党に近い政党だと思います。日本の自民党の内部でも、右派と左派ではかなり温度差があるように国民党内部でもさまざまな政治思想の対立があります。党内で与野党のような構造をもっています。台湾でも一党独裁が長かったため、一つの政党のなかに右派と左派でいくつもの政党のような派閥がある構造になっています。

国民党のなかから急進的な親中勢力が独立したのが親民党です。それに対して民進党は独立を党是にしており民族政党ではありますが、経済政策や他のさまざまな政策に対してはかなり左寄りの政策をとっています。

ですから台湾独立という点だけ捉えて考えると、民進党の本質がよく見えてきません。いまも国民党のなかに、李登輝総統に近い人物を中心とした独立派と言われる人たちがいて、一定の力をもっているのも事実です。

国民党を大きく分けると馬英九総統を中心とした知中派グループと台湾独立派の李登輝総統につながるグループ、そしてそれ以外のグループという構成になっています。

「二つの中国」問題の解決の糸口を探る

自らの民族の命運は自らの民族が決めていく――。この基本原則にしたがって言うと、日本人が「民進党を応援する」「国民党を推す」と、いずれかの政党をプッシュすること自体が一種の内政干渉になります。日本人としては「台湾がこうなったほうがいい」と考えがちですが、だからと言って、よその国の政治に口を出すべきではないというのが私の考え方です。

さらに言うと、台湾独立派と言われる人たちのなかにもさまざまな立場があり、中華民国・台湾は独立しているが、中国本土も中華民国の一部という人もいます。

国際的に見れば、1992年に李登輝総統が「二つの中国」という宣言をしたことで、台湾はすでに独立しているとみることもできます。

あくまで難しい歴史の変遷のなかの物語の一つですが、中華民国、国民党は大陸の正統な統治者であるという前提があり、李登輝総統が「中国の主権国家は二つある」と宣言をした時点で、一種の独立宣言が行われたと考えられます。日本政府としては〝台湾独立〟に関与する要素は何もありませんでした。

台湾を国際政治の仕組みから考えると、自由選挙制度を備えて正常な統治が行われ、完全な民主化も行われているので国家として成立しています。ただ問題となるのは、この「二つの中国」問題を周辺国がどのように捉えて、台湾を一つの国として承認するかどうかです。そのため、いつも国連の国家承認が問題になります。台湾は国際的にみれば「チャイニーズタイペイ」という微妙な立場にあります。完全に「台北」もしくは「台湾」という独立国家として認められればいいのですが、「台湾国」として独立国家になると「国民党は大陸の支配者である」という党是が根底から覆ってしまいます。この党是は蔣介石の主張でしたが、いまだに知中派ではない人もそれを主張しています。逆に言うと、右寄りの人こそが「本土もわれわれのものだ」と言い放つのです。

政治的に非常に複雑なので、単純化して本省人、外省人、国民党だ民進党だという区分で台湾を考えるべきではありません。

たとえば台湾の富裕層の人たちは墓場をつくるときに非常に浅く掘ります。この層の人たちは、もともとメインランドである本土にいたので、メインランドにお墓をつくってそこに埋葬されるのが自分の正しい姿だと思っています。そういう人たちが保守層にもいますから、単純明快にイエス・ノー的に国民党だとか民進党だとか本省人、外省人だと決めつけることができないのです。

日本にとってなぜ台湾が必要なのか

もともと台湾に住んでいたのは先住民と呼ばれる少数民族でした。セデック・バレなどの山地で暮らす先住民と海辺の先住民の二つがいますが、こうした先住民は数％しかいません。それ以外の人たちは、時期は別として対岸にある本土の福建省から台湾にわたってきたので、そのルーツは大陸本土ということになります。ですから本省人と言っても福建省出身の人がたくさんいます。

蔣介石が台湾に連れてきたタイミングで本省人と外省人とに分けているだけなので、本省人だから大陸出身ではない、大陸がルーツではないというのではなく、非常に複雑怪奇な構造体であることをまず認識しなければなりません。

中国の反対で台湾は国連に復帰できていません。本来、国民党が中国という名前で、政権が本土か台湾かは別にして国連に加盟していました。ところがアメリカのニクソン政権で外交を取り仕切っていたキッシンジャーが日中国交正常化と表裏一体で、中国本土を国家として承認しました。それに伴って、いつの間にか国連に加盟していた「中華民国」が、「中華人民共和国」という国家にすり替えられてしまったのです。

ただし台湾と中国とは領土問題という非常に複雑な問題が絡んでいて、単純に日本人が「右だ、左だ」と決めつけることはできないと思います。

台湾の人たちや香港の人たちは「アイアム台湾人」「アイアム香港人」と自らを主張し、「私たちは中国人じゃない。メインランドの人と一緒にするな」という言い方をします。それだけのプライドとポリシーがあるのでしょう。

日本が台湾を必要だと考える理由の一つは、シーレーンを守るための国であると位置付けていることです。

大陸の上海から東シナ海を見ると、日本列島があり沖縄があり、台北があってフィリピンがあってインドネシアがあり、これらの海域は中国に全部封じ込められています。その意味からも、どこかの国が抜けてしまうと防衛ラインが破られてしまい、中国海軍等の太平洋進出を招く原因になりかねません。そうなるとアジア全体の安全保障に大きな影響を与える可能性があります。こうした理由からも台湾は非常に重要なのです。とくに沖縄防衛において親日国台湾が存在することは非常に大きな意味をもっています。

フィリピンに関しては米軍が復帰に合意しましたし、ベトナムも今回の中国との衝突により、アメリカの支援を期待するコメントを出しています。これらはシーレーン合意の一環ですが、台湾は国交がないために直接関与することができません。アメリカも日本と同様に台

【サイシャット】……人口は約5600。2年に一度、肌の黒い小人の霊（矮霊）を供養する「パスタアイ」という精霊祭を行う。

【サキザヤ】……人口は5000～1万で、主に花蓮県に居住。かつてはアミ族の一支族とされていたが2007年、正式に先住民として認められた。

【セデック（セーダッカ）】……人口は6000～7000。ラミー（苧麻）を用いた、白地に幾何学模様を施す伝統的な織物、刺繍で知られる。

【サオ】……人口は600余。かつては日月潭のラル島に暮らしていたが、後に湖畔に移住し、湖面に浮かせた土を載せた竹の筏で作物を栽培する浮島農業を行うようになった。

【タロコ（トゥルク）】……人口は約2万4000。有名な太魯閣峡谷の名は、この民族名にちなんでいる。

【ツオウ】……人口は約6500。玉山（旧新高山）が発祥の地という伝説をもつ。

【ヤミ（タオ）】……人口は約3500。台湾東部沖の蘭嶼に暮らす唯一の海洋民族。漁を基礎とした文化を持つ。

【サアロア（ラアロア）】……人口は約400。伝説では、もともとは東方で小人たちとともに暮らしていたという。

【カナカナブ】……人口は約500で高雄市の楠梓仙渓流域で暮らす。2014年6月サアロアとともに、15、16番目の先住民として認められた。

台湾の先住民とは？

1000年以上前から台湾で暮らしてきた先住民。人口に占める割合はわずか2%ですが、公式に認められている先住民だけでも16あります。以下に見ていきましょう。

【アミ】……人口約17万5000と先住民のなかで最大規模。多くが東部の縦谷と海岸地域に暮らしている。毎年夏に開かれる「イリシン」という豊年祭が有名。プロ野球日本ハムファイターズの陽岱鋼選手も同族。

【タイヤル（アタヤル）】……人口は約7万5000で、北部の山岳地帯で暮らしている。かつては男子は戦いに強く、女子は織物上手なことを示すため顔に刺青を入れる風習があった。

【ブヌン】……人口は約5万。台湾中部と東南部の山岳地帯に暮らし、遊耕と狩猟を生業としている。

【カバラン（クバラン）】……人口は約1100。その多くは花蓮や台東に移住してきた漢民族との同化が進んでいる。

【パイワン】……人口は約8万5000、南部の中央山脈や恒春半島、東南沿海地域に暮らす。トンボ玉や彫り物の高い技術をもつ。

【プユマ】……人口は約1万1100で多くが台東県に暮らす。現在もシャーマンによる儀礼が行われている。

【ルカイ】……人口は1万1500。伝統的に貴族と平民の階級に分かれており、百合の花が貴族の象徴とされる。

湾に対しては微妙な立場にあります。

各国はいま台湾の重要性を認識していますが、公式な国交がないため表立って台湾を自国陣営に参加させるわけにはいきません。しかし、日本やアメリカにとって、そして、シーレーンを共有する国にとってもっとも大切な国であることは間違いのない事実であり、愛される存在であることも間違いのないところでしょう。

アメリカ留学組が台湾企業をグローバル化していった

日本人が一番誤解しているのは、国民党が親中政権であると思っているところです。国民党が李登輝総統を選び、彼が総統になって台湾を完全に民主化した事実があります。本来、李登輝総統は国民党のなかのエリートではなく、どちらかという外様でした。蔣経国総統が外様の李登輝総統を引き上げて、彼にこの国を任せた結果、大改革が行われることになりました。その後、李登輝総統は国民党も追われる形になりましたが、李登輝時代に行われた民主改革である「二つの中国」が、現在の台湾の政治や文化をはじめとしたさまざまな部分の中核をなしているのは間違いないでしょう。

李登輝総統は日本に留学して日本の教育を受けました。台湾が日本の統治下にあったとき、エリートの子弟たちはみな日本に留学して東大をはじめとした日本の大学で学び、高等教育を受けた上で台湾の国に帰っていった歴史があります。ここでいくつかの問題が生じるとすれば、李登輝総統がもはや現役の政治家ではないことです。

日本の敗戦とともに台湾のエリートたちは日本に留学するだけでなく、アメリカの大学に通う人たちもたくさん増えました。その結果、アメリカにシンパシーを抱く人たちも増え、その時期から台湾の政財界のストーリーが大きく変わりました、そして、アメリカ留学組がいま、台湾において非常に大きな力をもつようになったのです。日本留学組よりアメリカ留学組のほうが多くなった状況が、いまのリアルな台湾を見るときの大きな要素になっています。

台湾にフォックスコンのようなグローバル企業が生まれたのは、アメリカ留学組の力が非常に大きく、アメリカというマーケット中心主義的な要素を学んだグローバリストが増えたからです。

現在、台湾に存在する基礎的インフラや思考回路や法制度などは、日本の学校制度を模倣したものであり、日本の統治下時代を引きずっている制度が非常に多くあります。行政制度にしても戸籍があり、国民皆保険に近いものがあり、郵便制度も完全に日本のシステムそのままです。そこにアメリカのマーケットを中心としたマーケットビジネス、グローバルビジネスが台湾に入り込んできました。

１９７０年代後半、いわゆるＩＣやコンピュータ技術が台湾のシリコンアイランドを中心に大きく発展し、産業が躍進していった原因は、アメリカ留学組の力によるものと言えるでしょう。

一方、１９７８年から鄧小平が中国の改革開放路線を推し進めます。それ以降、中国は沿岸部を中心に特区をつくって改革開放をしますが、そのなかに台湾のさまざまな企業が同じ中国文化圏、中国語圏というメリットを生かして入り込んでいき、中国の経済発展において大きな役割を果たすことになります。

ですから台湾が中国を利用し、中国が台湾を利用しているという共存の関係が生まれてくるわけです。中国本土の改革開放以前で言えば、国民党にとって中国本土は完全なる敵対勢力でした。それが敵対する関係から互恵関係に変化し続けていき、同時にアメリカとの関係が深まり、日本との関係は少々希薄化していったのがここ数十年の流れだと思います。

日本とまったく異なる台湾メディア

台湾にはメディアグループがいくつもあります。日本のメディアとの最大の違いは公平性の規定がないことです。それぞれのメディアが自らの主張に基づき、報道していることです。新聞で最大手と言われるのが『自由時報』ですが、これは独立派寄りの論調でずっと報じ続けています。

もともと最大手だった『聯合報』は高級紙と言われる新聞社ですが、知中派が多く、リベラルな論調を基調としています。しかしながら日本のリベラルとは違い、知中派だからと言って紙面をすべて大陸寄りの論調で書いているわけではありません。

いま劣化が心配されているのが『中国時報』です。『中国時報』はもともと台湾オリジナルの新聞社ですが、日本の岩塚製菓から技術供与を受け、大陸向けにお菓子をつくっている「旺旺《ワンワン》集団」に買収されて、完全に中国共産党寄りの報道を展開しています。旺旺集団は、台湾を母体に中国大陸に進出した総合食品メーカーで、現在では上海に拠点を置き、中国各地に工場を稼動させる企業に成長しています。

『アップルデイリー』というタブロイド新聞は、香港をベースにして大衆に人気があります。

台湾の選挙期間中に訪れるとよく分かりますが、台湾の選挙はある種のイベントのようで大変盛り上がります。各新聞社やテレビ局を見るとアメリカと同様、各社ごとに支持する政党が明確で、アンチキャンペーンも含めておもしろい報道をしています。日本の報道は一応建前上とはいえ公平性の規定がありますから、その点で限りなく違っていると言えるでしょう。

台湾メディアにはこうした特徴がありますが、日本以上にすごいのは海外の報道を常に翻訳して流していることです。

韓国のテレビ番組やアメリカのウォールストリートの情報などもリアルに放送していて、日本以上にリアリストでマーケット中心主義であることが感じられます。サブプライムローン問題をはじめとした経済報道は、日本より何倍も高いレベルで報じられていました。台湾経済はアメリカにかなり依存している部分があるので、マーケット中心主義的ビジネスモデルが主流になっているのかもしれません。

台湾に親日派が生まれた背景を探る

国民党が統治支配者として台湾に入り込んでいったとき、日本統治下よりも多くの台湾の人たちは貧しくなってしまいました。中国本土から追われ、職にあぶれた大量の軍人が台湾に流れてくる環境下で、また戦争による荒廃も存在し、日本の統治下よりも貧しい国家環境が生まれてしまいます。

国民党としては国が貧しくなった原因が日本のせいであることにして、日本を否定する反日教育をせざるを得ませんでした。そうしないと正統な統治者として、台湾を統治することができません。

このときに台湾では反日教育が行われましたが、現在の台湾には反日教育を受けた世代の人たち、戦前の日本の統治下時代を知る人たち、反日教育を受けた次の世代の人たち、そしていまの若者たちという四つの世代が存在しています。

実は、日本でも同様な世代関係があります。戦前世代、そして本当の戦争を知っている世代、戦中戦後世代と分ければいいでしょう。戦後すぐに「ウォー・ギルト・インフォメーション・プログラム」を中心としたアメリカの反日教育がありました。その内容は、日本の戦争をはじめとするすべてのものを不当とする教育です。この教育を受けたのは、団塊の世代の人たちではないでしょうか。

これと同じ世代間のギャップが台湾国内にも存在しています。台湾と日本をつないでいるのは70代以上の人たちが中心で、世代交代ができないのではないかという心配が、日本、台湾ともに存在しています。

正式な国交がない以上、日本と台湾との間は政府同士ではなく、民間の経済外交という非常にイレギュラーな形の外交関係を結んできました。政府間においては、正式な窓口はない、という建前になっていますから、国と国とが付き合うのではなく、「政党間外交」が行われてきたというわけです。政党と政党との外交であれば正式な交渉ができると解釈し、ともに与党であった日本の自民党と台湾側の国民党との間で、政党間による外交が繰り広げられてきました。

断交後の日台外交は、このような歴史をたどってきました。しかし、日台ともに政治家の世代交代時期に入り、お互いに次のパイプが失われるのではないか、と強く懸念されています。

ところが幸いなことに、第3章でご紹介した哈日杏子さんのように熱狂的な親日派の若者たちが登場しています。

現在、お爺ちゃん、お婆ちゃんの年齢に達した人たちは日本の統治下で暮らしていましたが、断交後に行われた反日教育は間違っているのではないか、政府が学校で教える反日教育は間違っているのではないかと疑問視するようになりました。

民主化に伴って台湾でも自由な言論が許されるようになり、こうした流れのなかで実際に戦前を経験したお爺ちゃん、お婆ちゃんたちが孫世代に当たる若者たちに日本統治下での事実を教えたことにより、親日派の若者世代が大量に生まれたと考えられます。

台湾から日本を訪れる若者もたくさんいます。彼らは日本という国が教育・文化を台湾に根づかせ、台湾文化の起源であることを強く認識する若い世代であり、哈日族、親日族と呼ばれる集団を形成しています。

1999年9月21日、台湾時間の1時47分18秒に台湾中部の南投県集集鎮付近を震源としたマグニチュード7・6の大地震が発生しました。台湾大震災、集集大震災、台湾中部大震災などと呼ばれ、台湾では20世紀で一番大きな地震でした。

このとき日本側は、政党間外交という建前の下に支援を決め、大地震の発生当日の夜、合計125名の緊急援助隊を送りました。ファイバースコープや生存者の呼吸を電磁波で探知するハイテク機器、赤外線探知機、さらに大型の切断器具などの最新鋭装備を携えて日本が一番乗りしたことを台湾の地元マスコミは称賛し、発見された遺体に敬礼を捧げる救助隊員の姿勢が好感を持って報道されました。日本統治下に育った高齢者世代を中心に、丁寧な日本語でねぎらいの言葉を寄せてくれました。

日本の人たちはそれほど支援している認識はありませんでしたが、日本の支援を恩義に感じていた台湾の人たちが、東日本大震災に対して200億円を超える巨額な義援金を贈ってくれました。金銭感覚で言うと、台湾の物価水準は日本の3分の1程度、人口は5分の1ぐらいですから、単純計算で200億円の10倍に相当する2000億円近い金額になります。

このことを意気に感じた若い日本人たちが大量に生まれ、台湾という国を見直すきっかけとなりました。多くの若者たちが台湾に渡り、台湾の良さを見直し始めているのが現在の日台の姿だと言えます。

若者間の民間交流を中心に、失われそうになっていた日台の関係を次世代の若者たちがいま新たに構築しようとしているのです。

第5章

歴史秘話　日台断交

～なぜ日本と国交がないのか～

松本彧彦 vs. 渡邉哲也対談

松本彧彦氏は自民党の職員を務め、海部総理の秘書などもされていた政界の裏方のプロで、政治の現場を数多く見てこられました。

日台断交に関する歴史の証人でもあり、台湾と日本との懸け橋をつくる活動を今日までずっと続けています。

●松本彧彦（まつもと あやひこ）
プロフィール

1939年東京生まれ。中央大学法学部法律学科卒業。1964年ヨーロッパを旅行中、東ベルリンに入る。自由民主党本部（青年局、幹事長室）勤務。1972年日中国交正常化に先立つ中華民国への政府特使派遣交渉のため訪台。椎名悦三郎特使秘書を務める。1976年日米首脳会談（ワシントン）、第2回サミット（プエルトリコ・サンファン）出席の三木武夫総理に随行。運輸大臣秘書官（三木内閣）、労働大臣秘書官(福田内閣)。1989年ジョージ・ブッシュ米大統領の就任式に出席。自民党総裁秘書役、内閣総理大臣（海部俊樹）秘書。これまで世界各国を歴訪、各種国際会議に出席。岡山理科大学客員教授、杏林大学大学院講師、文化女子大学講師を歴任。現在、日台スポーツ・文化推進協会理事長、財団法人自由アジア協会理事。

真の自由を求めて政治の世界へ

渡邉　まず、なぜ政治に関わろうと思ったのか、その動機をお聞かせください。

松本　高校時代、非常に政治を意識するようになりました。私の父親は明治27年生まれで中島飛行機に勤めていて、私は昭和14年、長男として神田駿河台で生まれました。

渡邉　ずっと東京ですか？

松本　戦時中は群馬県に疎開していて中学のときに東京に戻ってきました。父親は終戦と同時に退職して友だちと何かの事業を始めたんですが、倒産しちゃったんです。それで貧乏生活を強いられ、高校生になって学校に続けて行けるかどうかという境遇でした。そのためアルバイトをしながら都立の高校を卒業しました。

渡邉　その高校時代ですね。政治に関心をもったのは？

松本　両親がともに敬虔《けいけん》なクリスチャンで、真面目に人生を過ごしてきたのに、晩年になってこんなに苦労するのは、やはり政治が良くないんじゃないかと思ったんですね。この幼稚なというか素朴な発想がありました。大学に入ると、当時は非常に学生運動が華やかな頃で大学2年のときに60年安保を経験して、将来は政治の世界に進んでみたいという思いが強くなりましたが、結局進路が定まらないまま卒業しました。

渡邉　卒業後はどんな仕事に就かれたんですか？

松本　私的なことですが学生時代に結婚したものですから、家庭生活と学業を両立させながら厳しい境遇の下で通学していたんですよ。ですから卒業したらまず職に就かないといけないので東京都に奉職しました。

渡邉　学生結婚されたんですね。

松本　ええ。東京都には1年1カ月ほど奉職したんですが、その間の1カ月ほどヨーロッパに旅行する機会があってベルリンに行ったんです。ヨーロッパに行ったのは、もともとベルリンの壁を見るのが目的だったんです。一応公務員ですから、ヨーロッパの都市行政を視察するという名目で出かけました。

渡邉　まだ東西ベルリンが壁で分断されていた頃ですね。

松本　壁の向こう側、すなわち東ベルリンに入ってみたいという思いが非常に強くて、実際に東入りを敢行しました。当時は東ベルリンから西ベルリンに移動するということはほとんど不可能でした。そんな状況下で西から東へ行くなんて常識では考えられないことだったんです。

渡邉　そうですよね。当時は東から西に行こうとすると銃殺されるというイメージがありました。

松本　「なぜあんな壁があるのか、壁がなかったら一体どういうことになっていたのか？」と思いました。東ベルリンの人はどんどん西側に行きたがるのに、それを阻止しようと当時の東ドイツを管理していたソ連はいきなり地上封鎖をしました。それでも命を賭けてまで西ベルリンに行こうとする人が絶えません。私は実際に壁の向こうの空気を吸ってみて、自分の目でいろいろなものを見てみると、東側は本当に自由が抑圧された社会であるということを感じました。

渡邉　無事に帰ってこられたんですね。

松本　はい。翌日は西ドイツにある難民収容所という施設を訪ねました。その施設は東ベルリンから逃げてきた人を保護して生活できるようにするところですが、そこで東から逃げてきた3人の若者と話す機会があったんです。壁を乗り越えて逃げると銃で撃たれますから、トンネルか何かを抜けて逃げてきたのかもしれません。

彼らと話しているうちに自由への思いがまた強くなって、日本に帰ったら自由主義社会を守るために仕事をしようと決意をしたわけです。帰国後に東京都を辞めて自民党に職員として入りました。当時は自由主義を守る政党は自由民主党しかありませんでしたから。それで配属されたのが青年局という部署で、海部俊樹代議士がまだ32歳ぐらいで青年局長を務めていまして、その下に小渕恵三さんが20代で青年部長、同年で橋本龍太郎さんが学生部長という構成でした。後に全員総理になられましたけど。

渡邉　すごいメンバーですね。

松本　そうなんです。彼らの下で一緒に青年活動を行いました。その後、政治の流れのなかで運輸大臣の秘書官や労働大臣の秘書官を務めました。もともと海部代議士との縁が政治活動の始まりだったので、その後、海部さんを手伝うようになりました。

私は自民党に入って三つの願望をもったんです。私自身の願望ですよ。当時は「人生50年」なんていう言葉はまだ死語ではなかったんですよね。ですから一つは、50歳までは元気でがんばって生きていきたい。二つ目はベルリンの壁がなくなってほしい。三つ目は海部代議士に何とか総理大臣になってもらいたいという願いです。微力ながらそのお手伝いをしたいという悲願がありました。

渡邉　昭和から平成に変わった年の8月に海部政権が誕生しました。そして11月にベルリンの壁が崩壊しました。それで三つの願いのうちの二つが叶いましたね。

松本　はい。私は１９３９年生まれですから、50歳までは元気でがんばって生きるという願いもこの年の12月に達成しました。

渡邉　松本さんの三つの願いはそこで一度完結したというわけですね。

松本　そうです。

選択という苦渋の選択を迫られた日本

松本　青年局時代は佐藤栄作政権下でした。佐藤総理自身が総理在任中は台湾や韓国との関係は問題ないが、退陣後はどうなるか分からないと言っていました。とくに中華民国（台湾）は日本にとって非常に恩義がある国だから、将来にわたって両国の関係が発展できるように、いまから将来を見据えて青年交流をやりなさい、と青年局に指示していました。昭和42、43年の頃ですね。

青年局が中心となって日華青年親善協会という組織をつくり、小渕さんが会長になり私が事務局長に就いて台湾との青年交流を始めました。これが私と台湾との関係の始まりです。日本からも青年部の幹部や一般の青年団体の指導者を台湾に連れていって案内し、台湾からも青年の指導者を日本に招きました。

渡邉　佐藤総理の退陣後に局面が変わるわけですね。

松本　1972年、佐藤総理が言った通り、ポスト佐藤を巡って、いわゆる角福戦争を経て、田中角栄政権が7月に誕生しました。田中総理は内政では列島改造論を掲げ、外交の最大の眼目は日中国交正常化でした。ただし田中総理は「自分は外交はよく分からんから大平君、外務大臣をやってくれ」ということで大平正芳さんが外務大臣に就任します。大平さんは日中国交正常化は日華関係に重大な影響を及ぼすので、１９５２年に日華平和条約を締結して以降、外交関係をずっと維持してきた中華民国との関係をどう処理するかに腐心していましたね。

渡邉　日本は中華民国・台湾を中国の正統政府として認めてきましたよね。それを田中総理の日中国交正常化とともに関係を変えなくてはいけないという、歴史の瀬戸際に置かれたわけですね。

松本　１９４９年に中華人民共和国が誕生して、北京に中央政府ができ、みんなが中国、中国と言うようになりました。

台湾の島の台北にも政府がある。地球上に二つの中国政府があって、どちらも自分のほうが正当だと主張している。Aと外交関係をもったらBとは切れるし、逆にB政府と外交関係をもったらA政府とは切れることになります。どちらかを選ばざるを得ない。この二者択一に日本政府は困ってしまったわけです。いままでは中華民国である台湾と外交関係をもってきたが、今度は北京と外交をもつことになると、台湾とどう付き合えばいいのかという問題を抱えてしまいます。

渡邉　日本は究極の二択に迫られたわけですね。時代の流れとともに、アメリカなどの動きも中国を認める方向に変化していきました。日本が台湾を取るか断交を選ぶかの二択に迫られた歴史的背景をお話しいただけますか。

松本　吉田総理の頃、1952年に日華平和条約を締結して、多少のギクシャクはありましたが日本と中華民国、つまり台湾との関係は順調に推移していったと思います。ところが1949年に中華人民共和国（中国）が誕生しました。国連総会の場では、あの広大な領土と多くの人口を抱える中国を無視できないだろうという意見が出ました。それまで中華民国は国連の常任理事国でしたが、中華人民共和国を正当なメンバーとして入れるべきで台湾は追放しろという、いわゆるアルバニア決議案の支持国が年を経るごとに多くなってくるわけです。

渡邉　国連内部での話ですね。

松本　1971年10月25日に開かれた国連総会のとき、中華民国（台湾）は表決に入る前に「名誉ある脱退」と言っているんですが、国連の議席を立ってしまい、それから中華人民共和国が台湾と入れ替わって国連の正式メンバーになります。

　1972年2月にニクソン米大統領が訪中して上海コミュニケを発表すると米中関係は急激に接近します。それを佐藤総理も見ていて、日本はこのままだと時代の流れに取り残されてしまうんじゃないかと危惧していました。当時、「アヒルの水かき」なんて表現がありましたけど、日本は水面下でいろいろと対北京工作を始めるんですね。

でも沖縄返還を花道にして佐藤内閣は退陣することになり、そこで日本側は時代の流れとして、世界の目は台北ではなく北京を見ていると判断して中国本土と付き合うことを選択するわけです。そういう背景を見ながら7月に田中政権は誕生します。ですから田中政権は日中国交正常化への必然性から誕生したと言っていいと思います。

渡邉　田中総理の意思というより、国際的なコンセンサスのなかで日中国交正常化を選択する土壌が形成されていったということですね。

松本　そう言えると思います。当時自民党のなかに日中国交正常化協議会という機関があり、ここで日中問題をどうするかという議論を侃々諤々《かんかんがくがく》70時間ぐらいやっているんですね。そこでは親中派と親台派に分かれて激論が戦わされ、結局党議決定として「中華民国との従来の関係に鑑《かんが》みて」と非常に台湾を重視するような表現で取りまとめられました。玉虫色の決定と言われましたが、親中派にすれば従来の関係と言っても外交関係を認めるわけにはいきません。親台湾側にとって外交関係を除くことには同意できないのです。

ですからそれぞれの立場でいいように解釈できるような玉虫色の表現でまとめられたんですね。当時の自民党内は両方と何とかうまくいく方法はないものかという考えが大多数だったと記憶しています。

渡邉　その頃は世論もかなり日中問題に関心が高くなっていたでしょう。

松本　台湾を切り捨ててしまっていいのか、という意見も巷に多く聞かれました。与党としての自民党もそのへんを十分配慮しなければいけないんじゃないか、となるわけです。その流れのなかで外務大臣になった大平さんは、まず台湾に対して政府の特使を派遣して日本の事情を理解してもらう努力をすべきと考えて特使の派遣準備を始めます。まだ東京に中華民国大使館もあって大使も駐在していましたが、中華民国の彭孟緝《ほうもうしゅう》大使は「別れ話に来るような特使はいらない」と拒絶してなかなか受け入れてもらえませんでした。

渡邉　台湾側としては当然ですね。

松本　外務省も一生懸命努力しましたが、結局特使の受け入れは実現できない、と台湾側に拒否されました。当時、蔣介石総統はご存命でしたが、実権は長男の蔣経国さんに移っていました。ですから蔣経国さんと話ができないと特使の受け入れは実現し得ないと大平外務大臣は判断して、党内外に蔣経国さんにつながるいろいろな人脈を探すわけですよ。

渡邉　ところがなかなか見つからない。

松本　それで大平さんが私を呼ぶんです。8月19日、世田谷にある大平邸に夜呼ばれましてね。「松本君は蔣経国と付き合いがあるよな」と。私は大平さんに呼ばれたとき、いま外務省が

写真右に松本氏。通訳を挟んで左に蔣経国。1972年３月。

どういう状態になっているのか、これは特使の派遣問題が絡んでいるんじゃないかなと予感がしました。

私と蔣経国さんとは付き合いというほど大それたものではないんですけど、私が台湾との青年交流を始めたときの台湾側のカウンターパートが、中国青年反共救国団という組織でした。そのトップが実は蔣経国さんだったんです。案の定、大平さんの話は特使受け入れ交渉のことでした。

渡邉　外交って本当に難しいですよね。組織とか国同士が付き合うよりも、そのなかにいる人と人とがつながっていないと物事がスムーズに進まないという話をいろいろなところで耳にします。

松本　その通りですね。

渡邉　すでに蔣介石総統の時代ではなくなっていたんですね。

松本　実質的に蔣経国さんが台湾の指導者でした。日本国内でも中国問題を勉強している人や研究者は、国連を脱退した中華民国は一体どこに行ってしまうのかと非常に大きな関心を抱いていましたね。一番頼りにしていたアメリカのニクソン大統領が訪中したことで台湾はまさに四面楚歌の状態でした。その3月に私は台湾に行って蔣経国さんと単独で1時間ぐらい話をする機会に恵まれたんですが、そのときに蔣経国さんの決意のほどがわかりました。当時はいわゆる本省人、外省人とはっきり区別していたんですね。いまでもその意識は完全になくなったとは言えませんけど。

渡邉　まだその色分けがはっきりしていたんですね。

松本　これを一本にまとめていかないと、この国はもたなくなってしまう。中華民国の国民という一つの意識にまとめることができるかどうかが、最大の課題だとおっしゃいました。その頃、蔣経国さんはまだ行政院の副院長（副総理）でしたが、5月には行政院長（総理大臣）になってご自分で組閣を果たします。それまでは閣僚のポストがたしか18ありましたが、本省人はそのうち一人だけでした。

渡邉　以前から台湾にいる方たちですね。

松本　そうです。本省人とは１９４９年に蔣介石の国民党が台湾に入る前からいる人たちです。もともとは福建省からわたって来た人が多いんですが、その人たちと49年以降、大陸から来た人たちの間には意識の隔たりが存在していました。蔣経国さんは国民の心が一つにならないと国が内部から崩壊してしまうのではないかと案じていたんですね。それを自分が組閣したときに具体化して閣僚18人のうち本省人を6人登用するんです。そのうちの一人が李登輝さんだったんです。その結果、だんだん本省人と言われる人たちの発言の場が多くなっていきました。

渡邉　本省人の居場所がだんだんと広がってくる。

松本　そういう時期を経て、台湾自体もこれからどうなっていくかという大きな変革の時期に入っていくわけです。

対日関係のキーマンは蔣経国ではなく張群だった

渡邉　台湾と日本が断交をすることになるわけですが、松本さんはいわゆる裏方として具体的にどのような仕事をされたんでしょうか。

松本　大平外務大臣から「外務省もいろいろ努力したんだけど蔣経国ラインがなかなか見つからないんだ。君は蔣経国さんと多少なりとも付き合いがあったはずだから、ぜひ特使の受け入れ交渉をやってくれないか。これはお国のためだから」というお話だったんです。そのとき私は、すでに官房長官や5回も労働大臣を歴任した党の三役待遇の石田博英全国組織委員長の担当だったんですよ。

渡邉 日本政府は蔣経国ラインにつながる人脈を懸命に探していたんですね。

松本 大平外務大臣からそういうお話があっても、私が実際に日々やっている仕事は全然別なことでしたから、石田組織委員長に相談しないわけにはいかないので、翌日その話をしました。

すると石田委員長は「松本君、国家のこういう大事に関わることは国会議員だって一生に一度あるかどうかだ。そういう重要な役割だ。だから僕のことはしばらく放っておいていいから全力を挙げてそれに当たってみなさい」とお許しが出たんです。そして大平外務大臣からは「外務省の事務方の中江君に、君のことはよく言っておくから」と話がありました。

中江要介さんという方は、その当時アジア局の次長で参事官でしたが、後に中国大使に就任しました。中江さんが外務省で大平大臣の補佐をやっていました。私の知っているかぎりでは外務省内での日台関係のキーパーソンでした。

渡邉 日米首脳会談の直前ですね。

松本 中江さんと何度か接触しながら調整をしていましたが、9月1日に田中・ニクソン会談をハワイで予定していて、中江さんも本来であればその会談より前に日中・日華（台）を整理しておきたかったんです。

ところがハワイ会談の準備に追われて着手できないから、ハワイ会談が終わってから特使の受け入れ交渉をぜひお願いしたいと言われまして、また後日連絡をもらうことになりました。

渡邉　いよいよ風雲急を告げる、ですね。

松本　９月９日に連絡をもらって、私は外務省に出向いて打ち合わせをしていたら、明日にでも台湾に行ってください、と急な話になるわけです。大平外務大臣は「蔣経国さんじゃないとダメなんだ」とおっしゃっていたんですが、私の当時の知識でも、蔣介石さんの片腕で張群さんという方が対日関係を取り仕切っているはずだ、と思っていました。

渡邉　交渉相手は蔣経国さんではない？

松本　ええ。張群さんは蔣介石さんと一緒に日本に留学したことがある人で、蔣介石総統の側近ナンバーワンの知日派最右翼の人です。実力者でね、いかに蔣経国さんといえども張群さんのＯＫが出ないと決定できないんですよ。とくに対日関係は張群さん抜きで勝手には進められないだろうと感じていました。

そのへんを私は読んだものですから、何とか張群さんと接触しようと試みました。私は10日に台湾に飛んで、宇山厚さんという日本の特命全権大使に会って話をすると「われわれの外交ルートでは外交部長（大臣）にまでは会えるが、そこから先は全然手がつけられないんです」と言います。それで私は「どこまでお役に立てるかわからないけど努力してみますから」と答えたものの暗中模索の状態でした。

渡邉　張群さんとは面識があったんですか？

松本　いやいや、まったくないんですよ。張群さんに会えるかどうかにかかっていましたから、何とか面談の手立てを考えないといけません。そこで台湾に着いて、青年交流を始めたときの反共救国団に内々に相談したんです。ホテルに帰ると「明日、総統府に張群秘書長を訪ねるように」という救国団からのメッセージが入っていました。その夜は興奮して寝られませんでしたね。救国団の執行長という立場に李煥という人がいらして、そこから救国団主任の蔣経国さんに話が上がり、蔣経国さんから張群さんに話がいったようです。李煥さんは蔣経国さんの片腕と言われた方で、後に行政院長を務められました。長年にわたり私は大変親しくさせていただき、ずいぶん後になってから、どうして私が張群さんに会えるようになったのかを教えていただきました。

渡邉　急転直下ですね。

松本　9月12日に張群さんにお会いしたとき、私が起立して最敬礼したら「お座りなさい」と手でジェスチャーします。そこで私は思いの丈を話しました。政府と政府がどういう話になるのか私には分からないけど、と前置きして日本の現状を伝えました。つまり、自民党内でいま日中問題をどうするかで議論百出していて、とくに台湾を擁護する勢力も多い。ところがこの親台湾派が日に日に不利になってきている。北京支持派のグループから「特使の受け入れもやってもらえないじゃないか」と責められて窮地に追い込まれている実情を話したんです。

渡邉　自民党内は親台湾派と北京支持派で真っ二つですね。

松本　もう一つ、青年交流の話をしました。青年の立場で、将来にわたって両国の関係を友好的な関係で維持発展させていくために、われわれの世代でようやく交流が始まったところなので、この芽を閉ざさないように、摘まないようにしていただきたいとお願いしました。両国がどういう関係になるか分からないが、私たちは蔣介石総統は日本の大恩人だと教えられてきて、蔣総統の大きな恩義にはとても報いることはできないけど、せめて青年交流を続けて将来にわたって両国の良い関係が継続できるようにしたいと思っている。そういう観点から何とか両国の関係が円満に推移するように、まず特使の受け入れをお願いできないものか、といった趣旨を述べました。

渡邉　張群さんはどんな反応だったんですか?

松本　話の途中で区切って通訳を促したら、張群さんは「いいから続けなさい」と言うので、私も最後まで一気に話しました。張群さんは日本に留学経験がありましたから日本語がわかり、「君より若いときに蔣介石総統と日本に留学していた。日本の青年とも仲良くお付き合いをして、思い出に残る人間関係はいまでもたくさんある」と昔を回想しながら話をするんですね。

渡邉　張群さんは留学経験があるので日本語を話せるんですね。

松本　外交部から秘書官だけでなく通訳官も出席していて、普通は日本語が理解できても通訳を介して話しますが、張群さんは「通訳はいらないよ」と言って、80歳を超えるお爺ちゃんが私に日本語で話をしてくださった。きっと心を開いてくださったんですよね。

張群さんは本当にやさしい表情で、私のような若造の話をよく聞いてくれているなぁという実感がありました。一通り話が終わった後、「日本とわが国は兄弟みたいな関係なんだから将来にわたって仲良くしていかなければいけないんだ。松本君の話はよく分かった。気持ちもよく分かる。青年の交流は大事だよ」と非常に同調してくださった。

それ以上はどうするともこうするとも何も発言はありませんでした。それで「よろしくお願いします」と退席しました。

渡邉　なかなかの好感触ですね。

松本　すぐに大使館に行き宇山大使にその感触を伝え、同時に自民党の椎名悦三郎副総裁秘書の岩瀬さんに電話して「非常に感触は良好です」と報告しました。そして13日、中華民国外交部長から宇山大使に「外交部にお越しいただきたい。特使を受け入れます」と回答がありました。

そこで椎名特使一行20名が９月17日午後２時30分、日本航空で台北に入り、翌18日から台湾の要人との会談が始まったわけです。

渡邉　当時松本さんはおいくつだったんですか？

松本　私は32歳でした。

渡邉　自民党は、いまよりある意味で自由だったんですかね。30代という若手の人の意見を受け入れて、すごく重要なポストを任せるわけじゃないですか。年功序列にこだわっていたら若い人の出番はありませんからね。党内でもそういう雰囲気があったんですかね。

松本　そうでしょうね。それは事実だと思います。張群さんに会いたいと言ってもそう簡単にできることではありません。その当時、張群さんも日本人に会うと必ず特使の受け入れ問題が出てくるから、一切日本人には会いたくないとおっしゃっていたそうですよ。

渡邉　ただ単に外交を断ち切るのではなく、表立った付き合いはできなくなったとしても将来の発展に向かって付き合い続けましょうよ、という日本の考え方を伝えるミッションを送ることがやっとできましたね。

松本　そうですね。その時点で日本側から断交などという話はしておりません。私も特使を受け入れてもらうという大役を果たすことができたわけです。

特使訪台当日の大混乱

渡邉　特使を受け入れることになって実際に椎名特使一行が訪台したとき、現地ではどんな状況だったんですか？

松本　午後2時半着の日航機で椎名悦三郎特使一行が台北に着きました。私はお昼前に様子を見に空港に行ってみたんですね。すると空港前の広場に何千人という大群衆が詰めかけていて「弔う椎名特使」と書いた幟《のぼり》を立てたり、いろいろな特使訪台反対の動きが活発になっていました。それまでの台湾ではありえなかった光景でした。

渡邉　群衆心理で不測の事態が起こりかねませんね。

松本　そうです。それで私は「大変だよ」と大使館に連絡したんです。それなりに準備しないといけませんから「警察と連絡を取り合ってください」というお願いもしました。

　いよいよ到着の時間になってアメリカの大きな車を14台ほどチャーターしました。到着した特使は大使の車に乗り、台湾側の警備の車が前後左右を挟むようにして移動を開始しました。

渡邉　厳重な警戒態勢ですね。

松本　大使の車の後ろには国会議員が乗っている車が車列を組み、普段通過をするゲートではなくて、脇の軍用ゲートから出ました。すると群衆が雪崩を打つように車列に飛び込んできて車を囲むんです。

　各自動車のフロントガラスに日の丸のステッカーを貼ってあったんですが、そこを叩かれてガラスが割れ、私の顔にも飛び散ってきました。私は助手席に乗っていたんですが、後部座席に乗っていたハマコー（故浜田幸一氏）さんが「松ちゃん、ここは我慢のしどころだからな」と言ったので「はあ、分かっておりますから」と返事をした一幕もありました。なかなか動けなかったんですが、警察がサイレンを鳴らしながら群衆を排除したので、ようやく脱出することができました。

渡邉　危険な状態だったんですね。

松本　宿舎は台北のランドマークとも言われた円山大飯店でした。いまでは、「一〇一」といわれる超高層のビルが目立ちますが、いまも松山空港に降りる直前に純中国風の大きな建物が見えますよね。当時はまだあんなに大きなものはありませんでした。当時は３階建てかな、そこがわれわれの宿舎に充てられたんですが、ホテルの周囲も全部警備で固められていて、外はものものしい雰囲気でした。車もずいぶん被害に遭って7台ぐらいボコボコにされてしまいました。

渡邉　大混乱ですね。

松本　翌日、日本の右翼がホテルに来たりしましたが、椎名特使は台湾の要人に挨拶回りして、あとの人たちは民意団体との座談会に出席しました。

日本側一行は随員も含めて20数名。座談会と言っても、一方的に日本に対する糾弾演説を聞かされるわけですよ。当時、台湾側には国民大会という国会があってその代表、さらに立法院、監察院の代表、台北の議会の幹部だとか各界のいろいろな代表者200名ぐらいが集まっていました。

渡邉　多勢に無勢ですね。

松本　途中で椎名特使が会場に入ってきて司会者に促されて挨拶をするんですが、それが後にいろいろ問題になった「椎名発言」です。「貴国との関係は従来の関係に鑑み、外交関係も維持継続し云々」というフレーズが入っていました。

渡邉　非常に微妙な言い回しですね。

松本　ええ。大意を言うならば、外交関係も維持継続する、という趣旨ですね。その後、台湾側の糾弾演説が続きましたが「外交関係が継続するなら問題はない」と言って、台湾側はだんだんとトーンダウンしていきました。最終的にはみんなで抱き合ったり握手して、ティーブレイクのときはすごくいい雰囲気でした。翌19日に一行は「良かった、良かった」と安堵の表情で帰日します。それから数日後の25日に田中総理、大平外務大臣、二階堂官房長官が訪中をして、数日間、周恩来さんといろいろ話を詰めて、最後に毛沢東さんが出てきて「もう喧嘩は終わりましたか」と、まとめに入って日中共同声明が29日に発表されることになりました。

渡邉　日中国交樹立の瞬間ですね。

松本　即日台湾側の外交部は断交声明を発表し、日台の外交関係が閉ざされることになります。1972年9月29日の出来事ですね。私はその夜、早く家に帰って、お酒は飲めないんですけど、飲めないお酒を飲んで布団を被って泣きました。私を迎え入れてくださった張群さんの柔和なやさしい表情が非常に強く思い出されて、断交は私のせいではないんだけど申し訳ないという気持ちでどうしようもなかったですね。

渡邉　立場的にはどうしようもない。

松本　私は当時32歳でしたから、これからもっと長い人生を生きていく上で、どういう仕事をするにしても台湾との交流は続けていかなければいけない、という思いを強くしました。その年の暮れに六本木の中華民国大使館は閉鎖され、後に中華人民共和国大使館に変わってしまいましたが、幸いなことに台湾側は亜東関係協会という機関をつくり、日本側は交流協会をつくって、オフィシャルな公務はなくても実際は大使館と同じような業務を行って、民間交流に支障をきたさないようにしました。これが両国の知恵ですよね。

渡邉　断交直後の日台外交はうまくいってなかったんですか？　貿易などもあったでしょうし、人の往来もあったと思うんですが……。

松本　そのへんは支障がなかったんですね。在留邦人の安否、日系財産の扱い、台湾海峡航行の日本船舶、これら心配な問題はありました。しかしすべて杞憂に終わりました。

渡邉　あっ、そうなんですか。

松本　オフィシャルな面を除けば、人事の交流、文化の交流、経済交流などは継続していましたね。なかには一時台湾を引き揚げた企業や邦人もいました。

渡邉　いまも普通に国交がある国と同じように行き来できますからね。先日、台湾の選挙に合わせて行ってきたんですけど、故宮博物院には「わが国はノービザで世界129カ国に行けます」と表示されていました。大陸よりわれわれの国のほうが世界中につながっていることをうたい文句にしているんですね。

同時に、いままでの各国と締結した各種条約の原本がその場に展示されていてすごく感動しました。日本では絶対に見られないと思いながら見ていましたが、こうした日台の歴史を踏まえて、ずっと交流を深めていく活動が必要ですね。

これからの日本と台湾との付き合い方

松本　私は本業ではないんですが、時間のある限り台湾との文化交流やスポーツ交流を長年行ってきました。とくに触れておきたいのは東日本大震災の後、台湾の人たちが日本に対する思いを非常に強くして、「日本が大変だ」「日本を助けようじゃないか」と世界の先頭に立って募金活動をやってくださった。それで２００億円に余る額を寄付してくださった。世界の中で突出した金額ですよね。

これに対して、日本政府もそれなりに謝礼のメッセージを出したと言っているんですが、なかなかきちんと台湾の皆さんに届かなかった状況がありました。そこで日本人女性デザイナーの木坂麻衣子さんという人が、台湾の新聞に「台湾のみなさんありがとう」と謝恩の広告を出したんですけど、私はあれには感動しました。

渡邉　実は彼女は私の妻なのですが、「親切にされたら御礼をするのは常識なのでは？」と思って「謝謝台湾計画」を企画して、台湾の新聞にお礼広告を掲載するためにツイッターやブログで支援を求めたら、たった数日で約２０００万円が集まりました。

松本　ええ。素晴らしい行動ですね。実は、震災の前に鈴木一也君という青年が私に電話をかけてきて「台湾に泳いで行きたいので何とかお力添え願えないか」と言ってきたんです。ちょうど私は8日から台湾に出かけていて、帰国したら彼と会う予定でした。ですから3月11日に私は台北にいたので地震のすごさは分かりませんでしたが、すぐに情報が入って大変な事態になっていることを知りました。

震災後の台湾の支援に対して日本はもっと感謝の気持ちを強く伝えなければいけないと思っていたところに、ちょうど鈴木君が私のところに訪ねてきたんですが、期せずして意見が一致して「では泳いで台湾に感謝の気持ちを伝えに行こうじゃないか」ということになったんです。

私が被災3県の知事から謝恩のメッセージを取り寄せて、6人の若者がそれを携えて沖縄の与那国島から台湾の宜蘭県蘇澳まで台風の荒波のなかを50時間リレーで泳いで届けに行きました。台湾の人たちは「こんな危ないことまでして届けてくれてありがとう」と大変歓迎をしてくれました。

そうでもしなければメディアは取り上げてくれなかったでしょうし、台湾の人々には十分日本人の感謝の気持ちが伝わらなかったでしょう。

渡邉　日本と台湾は、すごく近くなりましたね。羽田から台湾の松山空港には3時間あまり

2011年5月8日、八田69回目の命日に合わせてオープンした八田與一記念公園。なかには銅像の他、八田や当時の技師たちが暮らした旧宅の再現などが立ち並んでいる。【所】台南市官田区嘉南里66号【交】p53参照【営】9:00～17:00【休】月

で着きます。松山空港は台北市の街中にあって便利です。ほとんど国内旅行と一緒で、料金も沖縄や北海道に行くよりも安いですね。

松本　確かに安いですね。現地の物価は日本の約3分の1程度ですから、本当にリーズナブルに旅行が楽しめます。

渡邉　台湾に行ったとき、私の連れが体調を悪くして救急病院に行ったんですけど、国民皆保険に近い制度があるので、アメリカみたいにとんでもない金額を請求されることはありませんでした。たぶん日本統治下の基礎インフラの部分がかなり残っていて、システムがいまだに受け継がれていると思うんです。

松本　そうですね。医療制度は日本と大きくは変わりませんね。

渡邉　最近はいろいろな日本との交流イベントが盛んになってきて、毎年「絆の桜」というイベントが八田ダムで行われるようになりましたね。

松本　現地では「烏山頭ダム」と言いますが、八田與一さんが日本統治時代に10年かけてつくったダムです。そのダムの近くに八田與一記念公園がありますが、この八田與一さんを説

明しないとおわかりにならない方もいらっしゃると思います。

渡邉　多いと思いますね。

松本　戦前、日本の統治時代が50年間続きましたが、その間は日本政府の総督府が台北にありました。八田與一さんはそのときの土木技師ですね。東京帝大の土木学科出身の八田さんが、かつては不毛の土地で全然農作物が穫れない嘉南地域に、10年の歳月をかけて発電もできる多目的ダムを建設したんです。

そのダムによって不毛の地が非常に肥沃な土地に変わりました。場所は台南市からちょっと内陸に入ったところです。

渡邉　水がなかったので作物ができない土地だったんですね。そこに水源をつくり、発電もできる多目的ダムを建設して台湾発展の基礎を築いたわけですね。

松本　そうです。このあたりの中央部は山ですから、水は割合あるんですよ。その山から流れてくる水を集めてこのダムをつくったんです。

渡邉　水をせき止める技術も場所もなくて、水が全部流れていく感じですね。台湾は日本の国土とよく似ていて中央部が山脈化しています。

松本　おっしゃる通り。八田さんは１９４２年に亡くなりましたから、２０１２年で没後70年になりました。ご命日が５月８日なので、この日に合わせて70年の慰霊祭を盛大に開催しました。

私は東日本大震災の後、台湾の人たちに義援金の御礼メッセージを伝えるために海峡を泳いでわたる「日台黒潮泳断チャレンジ」を実施しました。これはそれなりに効果がありましたが、単発で終わってしまう可能性がありました。

だから永続的に感謝の気持ちを忘れずに友好関係をもっと発展させていくには何がいいだろうかなと考えた結果、桜の植樹を思いついたんです。かれこれ10年近く前から桜を台湾各地に植えてきている経験があったものですから、「日台友好〝絆の桜〟」という感謝のイベントを八田記念公園で開催することにしたんです。

渡邉　八田與一さんの記念公園は日台友好のシンボリックな場所ですね。

松本　そうです。だからそこに植えたいと思っていました。しかし台湾は暑いですからね。日本の桜が無事に育つかどうか心配でいろいろ調べたら、台湾の固有種の桜で台湾山桜というのがあって東京でも咲いていているんですよ。これに静岡の伊豆の河津桜を接ぎ木した桜があり、その苗木を２００本ほど植樹したんです。

植樹式には日本から森喜朗元首相にも参加していただきました。森さんは八田與一と同じ石川県出身ですからね。参加者は５００人を超え、日本からもこの式典に１７０名ほど参加してくれました。

台湾東部の中心地である花蓮。台北から特急で約3時間、441元かかる。

渡邉　花見は日本だけの文化だと思っていましたが、統治時代の名残かどうかは分かりませんけど、台湾にも花見の風習があるんですね。八田ダム周辺は何もない地域なので、いい観光資源にもなるかもしれませんね。

松本　最近は中学生・高校生の修学旅行でも結構台湾に行くようになっていますね。聞くところによると、中央大学の付属高校の生徒が150人ほど烏山頭ダムに行くことになっているようです。いまのところはダムがあるだけですが、桜が咲く季節になると観光地になってくるだろうと思うんです。台湾の人もみんな、烏山頭に桜見物に行くようになればいいと思いますね。

渡邉　台北方面は結構産業があるんですけど、南のほうはあまりないので、いま観光開発しようという動きがあるようです。烏山頭ダムのあたりは何かの目的がないとなかなか足を運ばない地域ですからね。

松本　その通りです。台南が一つの拠点になります。もともと台南は台湾のなかで一番古い文化をもっているところなんですよ。

台湾の一大景勝地として知られる太魯閣峡谷。花蓮からバスで30分ほどの距離にある。

渡邉　そうなんですか？

松本　台南はいわゆる古都なんですが、観光で行く人は台北止まりとか東海岸の花蓮から内陸に入る太魯閣《タロコ》という景勝地とか、あるいは台中近くの日月潭とか、そのへんで止まってしまって、なかなか南までは行きません。ですからこういう桜の名所をつくることで、人に足を運ばせる一つのきっかけになるのではないかと思います。

渡邉　高速鉄道が走っていますので台北から台南まで気軽に行けますよ。

松本　高速鉄道は速いし快適ですね。

渡邉　台北から台南までの値段はどれぐらいですか？

松本　日本円で往復一万円ぐらいですかね。

渡邉　じゃあ本当に気軽に行けますね。日本製の車両ですから揺れも少ないし。台北から日帰り感覚で行けます。

松本　そうですね。台南まで行って、その日のうちに台北に帰ってこれますね。

渡邉　ぜひ一つ足を延ばしていただければいいかと思います。

松本　日本で故宮博物院展を開催したいという話がずいぶん前からあったんですが、ようやく2014年に東京上野の国立博物館と福岡の太宰府にある九州国立博物館の2カ所で故宮博物院展が開かれました。いろいろ諸般の状況から実現が難しかったんですが、外国からもってきたものをそのまま元に戻すという法律ができて開催が可能になったんです。

渡邉　私も台湾の故宮博物院に行きましたけど、古来中国の宝物が展示されていて、その素晴らしさに感動しました。北京のほうは建物が残っているだけです。本当のお宝はほとんど台湾に移って、中身は全部台湾にあります。

松本　北京にも何点かは残っているでしょうけどね。

渡邉　それを日本国内でも見ることができるようになったわけです。しかも非常に盛況のうちに終わり、何よりです。すごく勉強になりました。ありがとうございました。

松本　最後に少しPRをさせてください。私は日台スポーツ・文化推進協会という組織を運営していますが、当協会と南投県仁愛郷（霧社）の役場との共催で、2015年2月に「霧社に桜を」というイベントを計画しています。渡邉さんにもお力添えをいただいているプロジェクトです。

日本時代の1930年10月に霧社と言われた台湾の中央部の山岳地の村で日本人と先住民が文化の違いから衝突し、双方に多くの犠牲者を出した悲惨な事件が起きました。霧社事件と呼ばれています。2015年に85周年を迎えるにあたり「恩讐を超えて友好を」というスローガンの下に日本の桜を植え、日台の文化交流を通じて真の友好を確立しようという企画です。当面500本の桜を植えますが、何年か経てばこの霧社も桜の名所となり、周囲を3000m級の山々に囲まれたこの地の観光開発にも資するものと考えています。一度足を運んでみてください。

霧社事件の現場への入口となかに建つレリーフ。ここで現在、「恩讐を超えて友好を」というスローガンで桜の植樹運動が進められている。アクセス方法は、高速鉄道あるいは台湾鉄道で「台中駅」下車、「日月潭」行きのバスに乗り換え、「埔里バス停」で下車。さらに、松崗行きのバスに乗り換え、「霧社バス停」で下車。あるいは、「台中駅」で下車後、埔里行きのバスに乗り換え、「埔里バス停」下車。そこで、松崗行きのバスに乗り換え「霧社バス停」下車。

宮原眼科冰淇淋←宮原眼科（1927年建造）

住所：台中市中山路20号

台中で若者に大人気のアイスクリームショップ。それが1927年に開業された宮原眼科の建物をリノベーションしたその名も「宮原眼科」である。戦後、しばらく病院として使われるもまもなく閉鎖。それを台湾の甘味レストラングループが再生し、いまや行列が絶えない人気店に生まれ変わった。

旧金山総督温泉←新館温泉（1939年建造）

住所：新北市民生路196号

かつて台湾総督も足しげく訪れたという隠れた名湯。戦後は閉館していたが2000年に新装開業した。総督が使っていた個室「総督浴池」も貸し切ることができる。

高雄市立歴史博物館←高雄市役所（1939年建造）

住所：高雄市中正四路272号

高雄市役所として機能し、戦後は1992年まで高雄市政府。市政府移転後の1998年、博物館として生まれ変わった。西洋建築の上に和風の瓦屋根を乗せた、代表的な「帝冠様式」建築の一つである。

宜蘭設治記念館←歴代地方高官舎（1900年建造）

住所：宜蘭市旧城南路力行3巷3号

もともと知事など地方高官が住居とした和風木造建築とヨーロッパスタイルの和洋折衷住宅。庭にある樹齢100年超のクスノキの保存に端を発し、建物の修復保存も決定された。宜蘭の歴史資料とともに伝統的な間取りの和室も見学することができる。

まだまだ残る日本統治時代の遺構

1895年～1945年の50年にわたり日本は台湾を統治しました。その時代に建てられた建造物は現在の総督府をはじめ、台湾各地に残っています。今も現役で活躍中の歴史的な遺構を紹介していきましょう。

松園別館（1943年ごろ建造）

住所：花蓮市水源街26号

もともとは将校の休憩所として建てられた西洋風建物（使用目的は諸説あり）。2006年にリニューアルされ、現在はアートギャラリーやカフェとして開放されている。

国立台湾文学館←台南州庁舎（1916年建造）

住所：台南市中正路1号

日本統治時代の代表的建築物の一つ。台南州庁舎として使われた西洋風建物で1916年に完成した。現在では国家指定古跡となっている。

台中公園（1903年建造）

住所：台中市公園路37-1号

1903年、都市計画の一環として整備された。神社跡や太鼓橋、あるいは清朝時代の建物、そして現代的なオブジェなど、台中の歴史を物語る建造物が立ち並ぶ。かつて皇族の休憩所として園内の湖に建てられた湖心亭は、いまや台中のシンボルと称されている。

台湾国内の移動手段

空港から台北市内へ

●台北松山空港

主にMRT、バス、タクシーを利用。料金はMRT20元～。バス15 ～ 30元。タクシー 200 ～ 1000元が目安。所要時間はいずれも20分ほど。

●台湾桃園国際空港

主にエアポートバス、タクシーを利用。料金はエアポートバス台北駅行きが125元で所要時間は55分。チケット購入は到着ロビーを出たところの各交通会社のカウンターで。タクシーはメーター表示分プラス空港乗り入れ料で1200 ～ 1500元ほど。なお、2015年末にMRTが開通する予定となっている。

台北市内・近郊

●MRT（台北捷運）

台北市内とその周辺都市を結んでいる。高架式と地下式があり、現在10路線が開通。沿線には台北の繁華街や名所も多く、観光客も安心して利用できる。トークンと呼ばれるIC乗車券を購入してから乗車する。料金は初乗りが20元で距離に応じて5元ずつ加算される。6 ～ 24時まで5 ～ 10分間隔で運行。

●路線バス（公車）

公営、民営合わせて200以上の路線が市内を縦横無尽に走っている。市内エリアの運賃は一律15元。ただし、士林や国立故宮博物院など郊外に行く場合は30元かかる。運行時間は6 ～ 23時くらい。

●タクシー（計程車）

日本に比べて安く台数も多いので使い勝手がいい。グループにお勧め。黄色い車体で屋根に「計程車」「出租汽車」という表示灯がついている。いずれもメーター制で初乗り運賃は1.25kmで70元。その後、250mごとに5元が加算される。また、23 ～ 6時までは深夜料金として20元が上乗せされる。

MRTの切符売り場の様子。

入国&出国手続き

入国の流れ

❶入国審査

飛行機を降りて空港に入ったら、「入境」という表示に従って進む。入国ロビー（入境大庁）で入国審査が行われるので、機内で配布・記入した台湾への入国カードとパスポート、帰りの航空券をカウンターで提示。入国スタンプが押されたパスポートと帰りの航空券を受け取る。

❷手荷物受け取り

入国審査が終わったら、自分が乗ってきた飛行機の便名が表示されたターンテーブルへと向かい、荷物を引き取る。破損、あるいは紛失していた場合は、係員に荷物引換証（クレームタグ）を見せて確認を。

❸税関

申告するものがあれば赤のカウンターに、なければ緑のカウンターに進む。免税で持ち込めるものは主に以下の通り。

総額2万元までの物品／アルコール1ℓ／紙巻きタバコ200本（葉巻25本、刻みタバコ1ポンド）／外貨1万米ドル相当未満／台湾元６万元未満

出国の流れ

❶チェックイン

空港に余裕をもって到着したら、利用する航空会社のカウンターで航空券とパスポートを提示。機内に持ち込めない手荷物以外はそこで預ける。

❷税関検査

営業税の払い戻しを受ける場合は、購入したものを提示し、免税書類に押印してもらう。

❸出国検査

パスポート、搭乗券を提示し、パスポートに出国スタンプを押してもらう。手荷物検査とボディチェックを受けたら出国ロビーへと向かう。

※日本入国時の免税範囲
酒類3本（1本760mm程度）／紙巻きタバコ200本（葉巻50本、その他250g以内のいずれか１種、2種類以上の場合は総重量250g以内、空港の免税店や海外で購入した日本製タバコは上記と同じ数量までが免税）／香水2オンス（1オンス約28cc）／海外市価の合計額が１万円以下の品物／海外市価の合計額が20万円までの品物（1万円以下のものは含めない。1個で20万円以上を超える品物は全額に課税）

お金＆両替

●通貨

台湾の通貨は一般的には元（圓）で、英語表記はNT＄（ニュータイワンドル）。紙幣は100元、200元、500元、1000元、2000元、硬貨は1元、5元、10元、20元、50元の5種類ずつとなっている。2014年11月24日現在のレートは1元＝3.82円。

●両替

銀行やホテル、デパートなどにある両替所で両替可能。ほとんどの銀行で日本円やトラベラーズチェックの両替ができる。国内最大手の台湾銀行を探せばいい。銀行の営業時間は9時～15時半で土日祝日は休み。一方、ホテルやデパートは土日や夜でも両替できるのが便利だが、ただしレートがあまり良くない。

●ATM

国際キャッシュカードや国際デビットカード、あるいはクレジットカードなら、台湾のATMで現地通貨で引き出せる。コンビニや駅、空港などいたるところにATMがあるので便利。

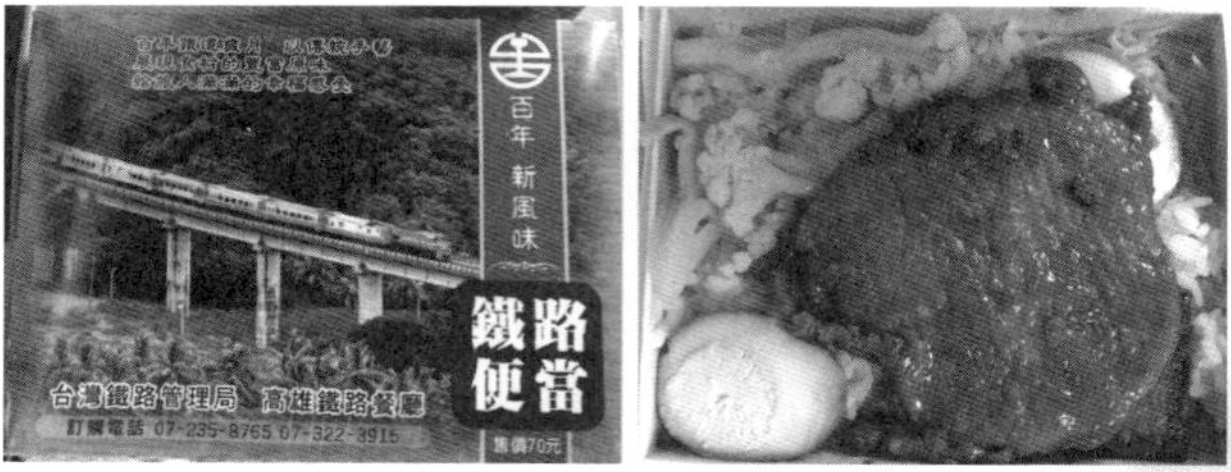

台湾の鉄道旅行ではずせないのが台鉄弁当のランチ。
列車に乗らず持ち帰りだけも可能だ。

台湾国内の移動手段

台北から郊外へ

●台湾高速鉄路

2007年に開通した台湾型新幹線。台北、板橋、桃園、新竹、台中、嘉義、台南と高雄（新左営駅）を結ぶ。ノンストップの場合、約1時間半、各駅停車で約2時間という便利さ。在来線と直結していない駅も連絡バスが出ている。時刻表や運賃の検索、切符の買い方から、さらにはオンライン予約まで、すべて日本語ホームページで行うことができる（http://www5.thsrc.com.tw/jp/index.asp）。

●在来線

主な列車は特急の「自強号」、同じく特急で全席指定の「太魯閣号」、準特急でスピードは上記2車種に劣るがその分料金が安い「莒光号」、通勤通学用の列車「区間車」など。主要ルートは東部幹線（台北、宜蘭、蘇澳、花蓮、台東）と西部幹線（基隆、台北、台中、嘉義、台南、高雄）の２つとなっている。また南廻線（高雄、屏東、台東）を使えば、台湾を1周することが可能。他にも支線や森林鉄道などがある。時刻表は駅の売店やコンビニエンスストアでも購入でき、また、台湾鉄路管理局のホームページ（http://www.railway.gov.tw/tw/ 英語、中国語のみ）でもチェック、予約が可能。

【在来線の主要駅間運賃と所要時間の一例】
台北～台中：太魯閣号約1時間40分、375元／自強号約2時間10分、375元／
莒光号約3時間、289元
台北～台南：自強号約4時間20分、738元／莒光号約5時間40分、569元／
莒光号約3時間50分、340元

●バス

台北～高雄や台中など主要都市を結ぶ路線は非常に発達している。2列座席でビデオ付き、トイレ完備という豪華バスが24時間運行しており、そのうえ便数が多く利便性が高い。

主なバス会社とその特徴
国光客運（http://www.kingbus.com.tw）＝安さと安全性が魅力
統聯客運（http://www.ubus.com.tw）＝700台以上を有する、路線数が多い大手
豪泰客運（http://www.howtai.com.tw）＝座席ごとにモニターを完備
阿羅哈客運（http://www.aloha168.com.tw）＝豪華2列座席車を運行し、
サービス度調査でナンバーワンを獲得

トラブルに巻き込まれたら

海外旅行では、当人がどれだけ気をつけていても病気やケガ、あるいは盗難、事故などに巻き込まれてしまう可能性はまったくないとは言えない。出発前にクレジットカードの付帯条件を確認し、海外旅行保険に加入しておくのが賢明だ。とにかく事前に万が一の場合の連絡先を必ず確認しておきたい。

●病気・ケガ

下痢、風邪などの場合、たいていの薬局では日本の薬を扱っている。また、急病の場合はホテルのフロントに頼み、医師を呼ぶこともできる。海外旅行保険に加入していれば、まずは各会社の連絡先に電話をすること。加入者は現金を払わずに診察、治療を受けることができる。台湾には日本語ができる医師がいる病院も多い。ただし、病院にかかった際には診断書、領収書などを必ず受け取っておくこと。

●盗難・紛失・事故

パスポートがないことに気づいたら、まず紛失した（と思われる）場所の最寄りの「入出国及移民署」で、パスポートの紛失·盗難証明書の交付を受けること。それから財団法人交流協会の台北事務所あるいは高雄事務所で事務手続きが行われる。航空券をなくした場合、利用予定の航空会社かツアーなら旅行会社に連絡する。ただし、オンラインで発行されたeチケットの控えを紛失した場合、航空会社のカウンターで便名を告げ、パスポートを提示すれば問題ない。

台湾でトラブルにあった際の主な連絡先

- ●台北市警察局外事服務処02-2556-6007（日本語可）＝緊急事故、盗難
- ●入出国及移民署02-2389-9983（台北）／07-221-3478（高雄）／0800-024-111（24時間ホットライン、日本語可）＝パスポート紛失
- ●臺安醫院02-2731-9191（日本語可、http://www.tahsda.org.tw/jp/）＝ケガ、病気
- ●21世紀牙醫診所02-2100-2122（日本語可）＝虫歯、歯痛
- ●交流協会台北事務所02-2713-8000[開]9時～12時30分、13時30分～17時30分[休]土、日、祝日（一部の日本の祝日を含む）[時間外緊急事態対応]0937-043-408＝大使館の各種事務手続き
- ●交流協会高雄事務所07-771-4008[開]9時～12時30分、13時30分～17時30分[休]土、日、祝日（一部の日本の祝日を含む）＝大使館の各種事務手続き

電話、インターネット、郵便

電話

●台湾から日本

002（005、007、009、012＝国際電話識別番号）－81（日本の国番号）－3（最初の0を取った市外局番、携帯なら90）－1234－5678（相手の電話番号）

●日本から台湾に

国際電話会社の識別番号－010（国際電話識別番号）－886（台湾の国番号）－2（最初の0を取った市外局番、携帯も同様）－1234－5678（相手の電話番号）
※国際電話会社の識別番号＝KDDI：001／ソフトバンクテレコム：0061／NTTコミュニケーションズ：0033

インターネット

台北の場合、ホテルの無線LANなどが発達しており、東京よりインターネットにアクセスしやすい。また、街中でも無料Wi-Fi環境が充実している。ただし、無料Wi-Fiを使用する場合は事前登録が必要だ。以下に主なものを紹介しよう。

●Taipei Free

台北市内でインターネットを使いたい場合は、こちらに登録する。日本で日本語サイト（https://www.tpe-free.tw/tpe/index_jp.aspx）から登録が可能。また、台北市内の空港や駅、観光スポット、ホテルなどに設置されたサービスセンターでパスポートを提示すれば登録できる。

●iTaiwan

台北以外にも行く場合には、iTaiwanのほうが便利。登録すれば無線LAN環境の整った各地の公共施設で利用できる。空港の旅行サービスセンターでパスポートを提示して登録する他、ホームページ（http://itaiwan.taiwan.net.tw　ただし英語か中国語のみ）からも登録が可能。

郵便

日本へのエアメールは、はがきが10元で封書が13元（10g増えるごとに9元が加算される）。宛名のところに「JAPAN」「AIRMAIL」と朱書きすれば、住所は日本語でOK。台湾のポストは赤と緑の2種類があり、エアメールは赤のポストに投函する。日本までは航空便で5～7日、速達（プラス30元）なら1～2日早く届く。

●著者略歴
渡邉哲也 （わたなべ・てつや）

作家・経済評論家。1969年生まれ。日本大学法学部経営法学科卒業。貿易会社に勤務した後、独立。複数の企業運営などに携わる。内外の経済・政治情勢のリサーチや分析に定評があり、さまざまな政策立案の支援から、雑誌の企画・監修まで幅広く活動を行っている。主な著書に三橋貴明氏との共著『仁義なき世界経済の不都合な真実』、日下公人氏との共著『新聞の経済記事は読むな、バカになる』、『儲』（以上、ビジネス社）、『ヤバイ中国』（徳間書店）、『「瑞穂の国」の資本主義』（PHP研究所）、『売国経済』（ベストセラーズ）など多数。

ヤバイほどおもしろ楽しい台湾見聞録

2015年1月1日　　第1刷発行

著　者　渡邉哲也
発行者　唐津　隆
発行所　株式会社ビジネス社
〒162-0805 東京都新宿区矢来町114番地
神楽坂高橋ビル5階
電話 03(5227)1602　FAX 03(5227)1603
http://www.business-sha.co.jp

カバー印刷・本文印刷・製本/半七写真印刷工業株式会社
〈カバーデザイン〉常松靖史(チューン)
〈本文DTP〉茂呂田剛(エムアンドケイ)
〈写真提供〉台湾観光局／台湾観光協会
〈編集担当〉本田朋子　〈営業担当〉山口健志

ISBN978-4-8284-1789-9

渡邉哲也の本

儲（もうけ）
国益にかなえば経済はもっとすごくなる！
大動乱時代の先を読む！

渡邉哲也……著

定価1300円+税
ISBN978-4-8284-1709-7

ベストセラー作家・渡邉哲也氏の注目作！ 日本経済はこのまま上向き加減で進むのだろうか？ TPPは？ 消費税はどうなる？ アメリカは？ EUは？ 世界経済の裏を知り尽くす著者が「マネー」をキーワードに、いま世界で行われている経済の状況を語り尽くす。

本書の内容

ISBN978-4-8284-1768-4